KiWi 410

Der eine ist der Meister der Langsamkeit, der andere liebt das Reden an sich: Wenn der Westfale Rüdiger Hoffmann und der Rheinländer Jürgen Becker aufeinandertreffen, ist das zwar „furchtbar, aber es geht"!

Die beiden hervorragenden Vertreter ihrer Volksstämme haben sich aufgemacht, die vor einem halben Jahrhundert zwangsweise vollzogene Vereinigung von Westfalen und Rheinländern zu einem Bundesland aufzuarbeiten. In einem heftigen, hinreißend komischen Schlagabtausch mit lehrreichen Ausflügen in die Heimatgeschichte streifen sie die elementaren Unterschiede zwischen den beiden Temperamenten.

„Dem unschlagbaren Duo gelingt das Kunststück einer Verbindung von intelligentem Witz, amüsanter Aufklärung und provozierendem Nonsens."
Kölner Stadt-Anzeiger

RÜDIGER HOFFMANN, seit 1981 als Kabarettist und Musiker unterwegs, feiert sensationelle Erfolge mit seinem Solo-Programm „Der Hauptgewinner", ebenso mit seiner CD und dem gleichnamigen Buch „Ja, hallo erstmal" (KIWI 371). Unzählige Fernseh- und Rundfunkauftritte, u.a. in der RTL-„Samstag-Nacht".

JÜRGEN BECKER, Kabarettist und Moderator der WDR-„Mitternachtsspitzen", früher Präsident der „Stunksitzung", heute in gleicher Funktion bei der „Schnieke Prunz Sitzung". Sein Soloprogramm „Biotop für Bekloppte" (KIWI 369) ist seit Jahren erfolgreicher Dauerbrenner nicht nur im Rheinland.

RÜDIGER HOFFMANN
JÜRGEN BECKER

ES IST FURCHTBAR, ABER ES GEHT.

Protokoll eines
nordrhein-westfälischen
Heimatabends

Kiepenheuer & Witsch

Herausgegeben von Rainer Osnowski

Umschlaggestaltung: Christoph Pracht, Köln
Umschlagfoto vorne: Stefan Worring, Köln
Umschlagfoto hinten: Manfred Linke/laif, Köln
Fotos Innenteil: Manfred Linke/laif, Köln
(S. 8, 30, 40, 68, 96, 108, 116)
Stefan Worring, Köln (S. 54, 124) und Walter Dick (S. 48)
Layout, Satz und Scans: Prima Print, Köln
Druck und Bindearbeiten: Clausen und Bosse, Leck
ISBN 3-462-02587-2

Inhalt

Rheinländer
Westfale

I.

Es ist furchtbar, aber es geht.

B: So, da wollen wir uns mal einen schönen Abend machen, einen nordrhein-westfälischen Heimatabend. Sie wissen ja, Rheinländer und Westfalen, das sind ja verschiedene Völker, jetzt vom Ursprung her. Und deswegen machen wir einen experimentellen Heimatabend. Wir haben dazu eine Kleinigkeit vorbereitet, aber nicht alles, den Rest machen wir irgendwie so. Wollen mal gucken, wat et gibt. Und Sie müssen das Ganze mal global sehen: Sehen Sie mal, es gibt ja auf der Welt über 3.000 verschiedene Völker, aber nur 180 Staaten. Jetzt müssen die 3.000 Völker in die 180 Staaten natürlich alle irgendwie rein. Ist ja klar, daß das nicht so einfach ist – das kann ja jeder separat für sich ausrechnen. Ich weiß nicht, wie das in Düren ist, aber in Köln zum Beispiel ist das so: 60 Prozent der Kölner sind eigentlich gar keine. Der Kölner zum Beispiel ist mehrheitlich ein zugezogener Imi, also ein Immigrant. Der Kölner kommt mehrheitlich aus Bielefeld, Bocholt, Serbien, Sauerland, Godesberg, Kalscheuren, Waldbröl, Westfalen, Bergheim, Bergkarabach und Bergisch Gladbach. *(Applaus)* Deswegen wollen wir uns heute mal die Frage stellen: Wie entsteht eigentlich Fremdenhaß, Nationalismus, Rassismus, Separatismus – wie kann das eigentlich passieren? Stellen wir uns mal ganz dumm. Wir haben hier bei uns die sogenannten Volksparteien mit den sogenannten Volksvertretern. Die Volksvertreter vertreten das Volk, wenn es mal nicht da ist. Also quasi eine Vertretung. Jetzt ist das Volk ja oft nicht da, es ist immer entweder kegeln, in Urlaub oder auf Arbeit. Sie können ja mal anrufen. Es geht ja keiner ran. Das Volk ist nie da, also läßt es sich immer vertreten. Man kann sagen: Die Volksparteien haben die Generalvertretung für das ganze Volk. Fürs ganze Volk? Eben nicht. Jetzt gibt es Bevölkerungsgruppen, die von den Volksparteien kaum oder gar nicht vertreten werden, wie zum Beispiel die Ausländer, deswegen darf der ja auch keine Volksvertreter wählen. Wir haben ja kein Ausländerwahlrecht. Warum? Warum, zum Beispiel, ist jetzt die CDU gegen Ausländerwahlrecht? Wichtiges Stichwort beim Separatismus und Rassismus ist immer Angst! Die CDU hat Angst. Wenn man Angst hat, muß man drüber sprechen. Gut, nehmen wir mal an, der Yüxül Gügülmü möchte gerne SPD wählen. Ja, dann muß der eben eindeutig jemand ins Wahllokal bringen, der CDU wählt. Dann hebt die Stimme des Deutschen die Stimme des Türken auf, alles bleibt beim alten, das will die CDU doch. Das ist das sogenannte Verhältniswahlrecht. Man kommt verhältnismäßig leicht ins Gespräch, die Wähler lernen sich kennen und können sich absprechen. Wird aber nicht gemacht. Warum? Angst. Früher haben wir gesagt: Der Russe kommt. Jetzt kommt der Russe in Form von Aussiedlern. Das sind aber auch Deutsche, kann man wieder nichts sagen. Dä. Feindbild kapott. Kapott, en neues. Wen nehmen wir jetzt? Der Asylant, oder noch besser: Der Moslem! Der Moslem kommt! Der Islame, der Fanatiker, da denkt der Deutsche, jeder Moslem wär ne kleine Khomeni, ne kleine Saddam! Der Christ glaubt an Gott, der Moslem an den Teufel. Also – kauft nicht bei Moslems! Und wenn, dann nicht ohne meine Tochter. *(Applaus)* Gut! Jetzt geht der Moslem hin und sagt: Wenn wir hier schon zehn Jahre leben und immer noch nicht mitwählen dürfen, dann machen wir eben eine eigene Regierung auf. Gehen wir zum Beispiel in Köln in das Gürzenich und machen eine Regierung separat. Daher kommt das ja: Separatismus. Alle verschleiert und verkleidet. Ich sage immer: Saddam alaaf! Aus einem Karnevalsscherz wird Ernst. Man stelle sich vor, das islamische Kalifat Köln-Mitte im Heiligen Krieg gegen Kardinal Meisner. Was meinen Sie, was die Sympathisanten hätten? Nicht nur aus den eigenen Reihen. Na ja, vielleicht ist es ja so: Wenn die Religionsfundamentalisten auf der einen Seite und die Sakral-Stalinisten hier bei uns, wenn die sich gegenseitig den Garaus machen – *(Applaus)* – vielleicht gibt es dann das Mittelalter nur noch als Gouda an der Käsetheke. Man könnte doch sagen – beim Moslem weiß ich es nicht, aber zum Beispiel bei uns könnte man sagen: Die Stelle des Papstes läuft aus, ist ja auch so wie bei öffentlichen Stellen, daß die nicht neu besetzt werden, gibt es also den KW-Vermerk: Kann wegfallen. Es wird niemand entlassen, aber wenn einer wegstirbt? Aber insgesamt kann man doch sagen: Kinders, dat geht nicht! Deswegen rufen wir heute abend den Fundamentalisten, Rassisten und Separatisten dieser Welt zu: Seht auf uns! Wir in Nordrhein-Westfalen – hier leben Rheinländer und Westfalen zusammen in einem Bundesland! Das ist furchtbar, aber es geht! *(Applaus)* Deswegen schießen wir doch nicht aufeinander. Gut. Das kann natürlich auch an der Trägheit der Westfalen liegen. *(Applaus)*

H: Träge – weiß ich nicht. Nee, zum Beispiel mit meinem Mitbewohner versteh' ich mich prima. Wir kommen wunderbar klar. Ja, gut, der ist jetzt nicht direkt aus Paderborn, das ist eher so 'ne andere Gegend, wo er wegkommt. Aber ich muß sagen, wir kommen wunderbar klar. Ich hab's in der Küche ganz gern so'n bißchen ordentlicher. Hab' ihm das auch schon mal gezeigt, daß man das Spülbecken halt nach dem Spülen auch ruhig mit dem Rauhschwamm noch mal durchwischen kann. Nö, er hat das auch gleich eingesehen. Das ist gar kein Problem bei uns. Das ist im Grunde dasselbe wie mit den Gläsern. Wenn man die halt nicht direkt abtrocknet nach dem Spülen, dann gibt's halt Ränder und Flecken. Ich meine, ich bin da eigentlich auch nicht so. Aber es ist einfach schöner, angenehmer, wenn man mal Gäste hat. Nö, er hat das auch gleich eingesehen. Das ist gar kein Problem bei uns. Das ist im Grunde dasselbe wie mit dem Bad. Ich meine, so'n Duschvorhang, der kann verschimmeln. Muß er natürlich nicht. Wenn man den halt nach jedem Duschen wieder ordentlich ausbreitet. Auf der Duschvorhangsstange. Das ist gar kein Problem. Nö, er hat das auch gleich eingesehen. Das ist gar kein Problem bei uns. Das ist im Grunde dasselbe wie mit der Telefonschnur. Ich meine, so was kann man vernuddeln lassen. Oder man hängt sie halt nach jedem Gespräch wieder ordentlich aufgerollt über den Haken. Ja, das ist 'ne Sache vielleicht von 30, also maximal 45 Sekunden. Ich hab's mal gestoppt. Und dafür hält so 'ne Schnur dann halt länger. Ich mein', für mich muß die jetzt nicht irgendwie länger halten. Ist vielleicht so 'ne prinzipielle Sache bei mir. Nö, er hat das auch gleich eingesehen, ne, das ist gar kein Problem bei uns. Das ist im Grunde dasselbe wie mit den Pflanzen in seinem Zimmer. Die können vertrocknen. Das sind seine Pflanzen. Sind ja nicht meine. Ich mein' ja auch nur so. Nicht, man macht sich halt so seine Gedanken. Ja, er schläft morgens gerne etwas länger, der feine Herr. Meistens so bis zwei Uhr mittags. Ich frage mich da halt eben nur, wie er das mit seinem Studium macht. Ich meine, es geht mich im Grunde nichts an. Ich hab' da jetzt mal mit seinen Eltern drüber gesprochen. Die hat es sehr interessiert. Nee, weil die ihn eben auch finanziell unterstützen. Ja, wir haben dann mit ihm gesprochen und er muß halt jetzt neben dem Studium noch ein bißchen jobben. Der macht jetzt Frühschicht bei Westfleisch, von vier bis zehn. Den Job hab' ich ihm übrigens vermittelt. Nö, er hat das auch gleich eingesehen. Das ist gar kein Problem bei uns. Das ist im Grunde dasselbe wie mit seinen beiden Freundinnen. Ich meine, er konnte sich da nicht entscheiden, und da hab' ich mit beiden gesprochen. Jetzt ist er halt wieder solo. Ja, gut, er war 'n bißchen sauer auf mich, ne, aber wir haben dann drüber gesprochen, und er hat das auch gleich eingesehen. Ja, das ist gar kein Problem bei uns. Na ja, und heute morgen, da ist es dann halt passiert, da ist es zum großen Knall gekommen zwischen uns. Ich meine, es hat sich ja schon irgendwie angedeutet in der letzten Zeit, da hat er zum wiederholten Male mein Nutella mitbenutzt. Und jetzt reicht's! Jetzt fliegt er raus. Aber achtkantig. Ich mein', ich hab' mir wirklich alle Mühe mit ihm gegeben, ne, aber was zu weit geht, geht zu weit. Nö, er hat das auch gleich eingesehen. Schluß jetzt! *(Applaus)*

B: So, da wollen wir mal.

H: Jo, jo.

B: Das war jetzt Bürgerkrieg unter'm Mikroskop.

H: Ich meine, das ist aber einfach so, das Zusammenleben mit dem Andersartigen, mit dem Fremdartigen, das ist schwierig, muß es aber nicht.

B: Deswegen wollten wir heute abend hier mal ein Zeichen setzen gegen die ganze Feindseligkeit dieser Welt, setzen wir uns heute mal zusammen.

H: Quasi als lebendige Gegenpole dieser Welt.

B: Ja, als krassester Gegensatz, der im Moment weltweit mentalitätsmäßig am Lager ist.

H: Aber auch als gutes Beispiel.

B: Vorbild, möchte ich sogar sagen.

H: Ja, aber mehr als gutes Beispiel.

B: Ja, wir setzen uns heute mal zusammen, also springen über unseren Schatten und machen hier zusammen mal so einen Abend, so richtig mit allem Drum und Dran, so ... *(Applaus)*.

H: Ja, man muß es jetzt auch nicht übertreiben, also – *(Applaus)* Wir haben schon einen Sicherheitsabstand hier vereinbart. Von exakt 40 Zentimetern.

B: Ich hab' das auch gleich eingesehen. *(Applaus)* So, dann würde ich sagen, die Pressekonferenz ist eröffnet. Wir in Nordrhein-Westfalen – irgendwelche Fragen? *(lange Pause)*
Wenn keine kommen, dann stelle ich mal eine. Rüdiger, was mich persönlich mal interessieren würde: Was ist deine hervorstechendste Eigenschaft?

H: Mmmh ...

H: Mmmh ... meine hervorstechendste Eigenschaft?

B: Ja!

H: *(überlegt)* ...

H: Mmmh ...

B: Hast du die Frage verstanden?

H: Ja. Mmmh …

H: Mmmh …

H: Mmmh …

H: Ja. Mmmh …

H: *(15 Minuten später)* Schlagfertigkeit! *(Saal tobt)*

B: Dann mache ich mal weiter jetzt. Wir in Nordrhein-Westfalen. Wir sind ja 16 Millionen, also ich sage immer, alles redet über die fünf faulen Länder, aber wir in Nordrhein-Westfalen haben auch Probleme.

H: Ja sicher.

B: Nehmen wir doch jetzt als Beispiel mal Westfalen. Westfalen und Sachsen, das war ja früher mal eins. Historisch gesehen ist das dasselbe.

H: Ach komm, das ist doch Quatsch, Jürgen.

B: Das ist dasselbe Gebiet. Der Herzog von Sachsen, der Widukind, das war ja euer Volksheld.

H: Das ist ja völliger Quatsch hier.

B: Aber sicher, das war früher eins. Westfalen und Sachsen war früher ein Gebiet.

H: Aber Jürgen, da kommst du doch nicht mit durch hier.

B: Aber das merkt man doch mental – das merkt man doch mentalitätsmäßig heute noch, ich würde es als Eingangsthese des heutigen Abends mal so formulieren: Westfalen, das ist die DDR des Rheinlandes! *(Stürmischer Beifall und tosende Entrüstung)*

H: Das ist ja so ein Humbug, den du hier verzapfst, also.

B: Eins zu null. Gut, man muß natürlich die letzten vierzig Jahre, muß man die mal ausnehmen. Da hatten die Sachsen jetzt gar keinen Spaß. Unter Ulbricht, unter Honecker, das ist klar. Aber meinen Sie, in Westfalen wäre das so viel anders?

H: Ja, also kein Spaß ist übertrieben. Also wir lachen auch schon mal, wenn es sein muß. Also auf Geburtstagen, Jubiläen, Silberhochzeiten, nicht, da wird schon mal geschmunzelt. Oder sogar gejuxt. Allerdings in Maßen, das geb' ich zu.

B: Das ist, weil ihr unseren Adenauer als Kanzler hattet. Der Adenauer, der war ja Rheinländer.

H: Komm.

B: Der hat mit seinem Volk auch mal einen Witz gemacht.

H: Der Adenauer, das war doch politisch, war das doch 'ne Flasche.

B: Darum geht es doch jetzt nicht. Es geht doch jetzt mehr so um das Allgemeine. Der Adenauer hat mit seinem Volk mal einen Witz gemacht, der Honecker dagegen niemals. Noch nie. Der Honecker hat nicht einmal mit seinem Volk einen Witz gemacht. Ich sag' immer: Sozialismus, schön und gut, aber man muß auch mal einen Witz machen. Gut. Der Mann hatte Krebs. Aber ist ja egal. Tumor ist, wenn man trotzdem lacht. *(Applaus)* Unser Adenauer dagegen, der hat mit seinem Volk immer auch mal einen Witz gemacht, z. B. im Bundestag, wenn er die Stimmen der SPD brauchte, hat er gesagt: Sie von der SPD! Nu stimmen Se doch auch dafür! Se haben doch en paar kluge Köpfe in Ihren Reihen, die denken können! Da meinte ein SPD-Abgeordneter: Das zu beurteilen steht Ihnen gar nicht zu! Ja, sagte Adenauer, Sie hab' ich ja auch gar nicht gemeint.

H: Ja, das ist doch prima. Da kann ja selbst ich jetzt so'n bißchen drüber schmunzeln, klasse.

B: Der SPD-Abgeordnete war Westfale.

H: Ja. Das ist doch Quatsch. Wenn es ein Westfale gewesen wär', der hätte überhaupt nicht reagiert. *(Applaus)*

Ja, aber jetzt mal zurück zum Thema. Ich meine, wir haben uns ja so kennengelernt, das muß man ja mal sagen: Das war also im Zug von Hameln – Altenbeken – Paderborn – Soest – Lippstadt – Hamm – Dortmund – Wuppertal-Elberfeld – Solingen-Langenfeld – Köln. Ich glaub', das war die Strecke.

B: Von Hameln nach Köln. Ja, jedenfalls, ich war in Hameln, ich hab' da mal einen Freund besucht. Der ist von Beruf Rattenfänger. Nee, Quatsch, der ist bei der Kirche. *(Applaus)* Der ist Pfarrer. Der Witz ist übrigens von ihm selber. Jedenfalls bin ich dann zum Bahnhof, dann in den Zug rein, und da muß ich sagen, hatte ich das ganze Abteil für mich alleine. Bundesbahn ist ja schön, wenn man Platz hat. Hab' mich schön dahingeflätzt, die Beine hochgelegt, en bißchen den Mantel und die Taschen und die Zeitung ausgebreitet, daß es voller aussah. Und schön gefahren und gefahren, und jetzt ist da aber in Paderborn so ein Arschloch zugestiegen.

H: Ja, das war jetzt in dem Fall ich.

B: Ja, kommt der in mein Abteil und sagt: Ist hier noch frei? Ja, blöde Frage, dat Abteil war ja mir in dem Moment. Na gut, ich hab' dann die eine Ecke ein bißchen freigeräumt, und dann soß der do. Gesagt hätt er nix. Ich denk: Warum sagt der Jeck nix?

H: Ja, nee, ich hatte auch nichts zu sagen, also.

B: Hm. Ja, und da guckte der immer so – so – ich denk: Loß der Jeck do sitze. Wenn der nix sät, dann sät der eben nix. Loß 'n do sitze, mir isset ejal. Das muß jeder selber wissen, wat er mät, ja, und so blieb der auch sitzen, also er ist nicht die nächste Station wieder ausgestiegen, nein, er saß da. Ja. Wat willste da machen? Wenn eener do sitz', der nix sät –

H: Ja, ich hab' auch gedacht, also bevor du mit dem Typen sprichst, dann kaut der dir noch ein Ohr ab hinterher, also – hat man schon gesehen, daß du aus Köln warst, du hast den Express dabei gehabt. Da dachte ich: Die Energie spar' ich mir lieber.

B: Ja, ich will dat mal so formulieren: Wir hatten uns bis Lippstadt aneinander gewöhnt.

H: Kann man so sagen.

B: Wir haben nicht gesprochen, aber wir hatten uns aneinander gewöhnt. So kann man eigentlich sagen.

H: Hm.

B: Ja, jetzt ist da aber dann später, in Hamm, noch so'n Arschloch zugestiegen.

H: Das kann ich also bestätigen. In Hamm ist dieser Mann zugestiegen und hat unsere Abteiltür, ich möchte sagen, vorsätzlich geöffnet, also richtig mit so 'nem Ruck aufgerissen.

B: Ja, mit Gewalt, kann man sagen, hat der sich Zutritt verschafft.

H: Hm. Ja, ja.

B: Also wirklich.

H: Wir haben das beide stillschweigend nicht begrüßt, unsere Klamotten da jetzt von den freien Plätzen wegzuräumen.

B: Nee, das Abteil war ja voll.

H: Ja, sicher.

B: Ja.

H: Ja, da hat man die Beine ausgestreckt, den Arm so'n bißchen hier rüber, das ist so'n Sechserabteil, da ist zu zweit, ist das voll.

B: Ja, ja. Wenn man et en bißchen bequem haben will, muß man sagen, also mit Zweien ist es gut, mehr geht eigentlich nicht. Aber ich muß eines sagen, nachdem jetzt der Neue in das Abteil wollte, da war ja zwischen uns beiden so 'ne Art von, ja, also ich will jetzt nicht sagen, Solidarität.

H: Ja, obwohl –

B: Ja, im Grunde isset schon so, also wir fühlten uns quasi gegenüber dem Neuen als Gruppe. Obwohl wir uns gar nicht kannten.

H: Ja, ja.

B: Obwohl wir gar nicht miteinander gesprochen haben.

H: Ja.

B: Als wenn wir uns schon jahrelang gekannt hätten.

H: Ja, ja. Und das ist eben auch das Schöne.

B: Das ist das Schöne!

H: Ja, wenn dann Neue dazukommen, dann gibt's immer wieder einen, wo man dann schön drauf rumhacken kann. Ja, das war schon klasse.

B: Das war klasse. Ehrlich.

H: Aber ich will das jetzt hier gar nicht beschönigen, also meine Ankunft in Köln, die war auch hart, muß ich wirklich sagen.

B: Na ja, kann auch an der Jahreszeit gelegen haben.

H: Oder an der Zeitverschiebung, klar. Ja, das ist ja immer so blöd. Da fährt man um vier los in Paderborn, da ist man um sechs in Köln, das sind zwei Stunden. Die fehlen einem ja dann. *(Applaus)*

B: Also Jetlag.

H: Na ja.

B: Das ist klar, zwischen so zwei Kulturen und so, da muß man wach bleiben. Da muß man sehen, daß man wegen dieser Zeitverschiebung sich nicht ins Bett legt ...

H: Ja, ja, klar, bin ich ja, wußt' ich ja.

B: ... sich gerade der Westfale nicht hängen läßt ...

H: Klar.

B: ... und sagt: Nein, ich halte jetzt durch bis heute Abend, damit ich in den Rhythmus wieder reinkomme.

H: Hm. Ja, ja. Ja, ja, das hab' ich ja gemacht. Ich bin ja direkt raus da aus dem Bahnhof, aber das war ganz komisch da. Überall so komische Typen da auf der Straße, mit so komischen Kappen auf. Wie so Kulturbeutel so falschrum aufgestülpt, ne. Und die Straßen übersät mit Papier aus Lochern. Haben se mich gleich so untergehakt, so unter die Arme, ne, immer so hin- und hergerissen, ne. Also da hab' ich gesagt: Ja, das ist wahrscheinlich Fasching, nicht, was Sie hier feiern? Da sagt dann einer, irgendwie so: Et is Fastelovend, du Arschloch! Also Karneval, ne.

B: *(lacht)*

H: So, da hab' ich mir dann mal so 'ne Karnevalssitzung angeguckt da, ne, aber muß ich ehrlich sagen: Also da kann ich nix mit anfangen, ne. Echt, superkrank, ey. Hüh. Völlig bekloppt, ne. Da sagt dann einer: Ja, da mußt du mal zu so 'ner alternativen Sitzung gehen, ne, zu so 'nem alternativen Karneval. Ja, da bin ich da hingegangen, ne, hab' mir das angeguckt, aber ist genau dieselbe Scheiße, du! *(Applaus)* Ja, sicher. Auch die ganze Zeit am Schunkeln da, wie die Bekloppten, der Präsident da, der hat sich dann so 'ne Irokesenmütze übergestülpt, ne. Und labert die ganze Zeit so 'ne Scheiße da, also – im Grunde genau wie du. *(Applaus)* Ich hab' auch noch gedacht: Ach, wenn der das mal nicht mehr macht, das könntest du gut übernehmen. Das würd' keiner merken.

B: Okay, eins zu eins.

H: Ja, aber jetzt mal zurück zum Thema. Wir haben uns ja hier jetzt diese Karte mal so vorbereitet, um zu zeigen, von wo überall Passagiere zusteigen könnten.

B: Ja, wir haben uns gedacht: Hier, Nordrhein-Westfalen, mal als Eisenbahnabteil dieser Welt, oben könnte der Däne – ach, der Däne, glaub' ich eher nicht. Der ist ja auch gegen Europa. Also der Däne – der Däne hat Lego. Halbfettmargarine. Der Däne ist okay. Also der Däne bleibt, wo er ist. Dänen lügen nicht, sagt man ja auch. So. Hier jetzt von schräg oben ist natürlich der Holländer. Und da muß man sagen: Der Holländer kann kommen. Ja, wir haben das ja alles erfahren, spätestens auf der Klimakatastrophe in Berlin, da haben die sich ja alle getroffen. Und Sie wissen ja auch, die Polkappen schmelzen ab. Der Meeresspiegel steigt an, und der Holländer kann das Wasser nicht mehr halten. *(Applaus)* Ja, der liegt ja unter Normal-Null.

H: Ja, der steht unter Druck, der Mann.

B: Die ganzen wässrigen Tomaten in den Treibhäusern werden jetzt auch noch gesalzen. Der Holländer wird seine Treibhäuser alle abbauen und dann hier zu uns ins Rheinland kommen, und se hier bei uns wieder aufbauen. Das nennt man übrigens Treibhauseffekt. *(Applaus)* Aber ich meine, für uns Rheinländer ist es kein Problem, wenn der Holländer von Winterswijk rüberkommt zu uns, dat macht nix, denn wir wissen ja alle: Wer Rheinisch kann, der kann im Grunde auch Holländisch. Das geht ruck-zuck.

H: Ja, dann könnt ihr die ja übernehmen.

B: Ja, wir könnten den Holländer gern übernehmen.

H: Gut.

B: Aber jetzt, im Gegenzug halt: Ihr Westfalen müßtet dann von Osten her den Asiaten übernehmen.

H: Hm. Ja, das ist aber kein Problem für uns.

B: Das sind aber ganz schön viele.

H: Ja, ist aber kein Problem, also.

B: Also es gibt ja doppelt so viel Asiaten wie Westfalen.

H: Meinste?

II.

Acht Kostbarkeiten

H: Das ist kein Problem für uns. Also mit dem Asiaten kommen wir an und für sich wunderbar klar. Ich war jetzt mal chinesisch essen. *(Applaus)* Da muß ich sagen, das hat mir also sehr gut gefallen. Da hab' ich mal dieses Huhn da bestellt mit acht Kostbarkeiten, also ganz lecker. Ich hab's dann einfach mal durchgezählt und bin da halt eben nur auf sieben Kostbarkeiten gekommen. Aber ...

B: Das ist doch egal.

H: ... ich hab' mir auch gedacht: Ach, das ist doch egal, ne. Ach sicher. Ich hab' auch gedacht, wenn da jetzt gestanden hätte: Huhn mit sieben Kostbarkeiten, ach, da hätt' ich se auch genommen.

B: Ja. Wär' mir och ejal.

H: Ja sicher. Ach, natürlich. Ja, ich hab' auch gedacht, wenn's jetzt neun gewesen wären, ne, da hätt' ich schon wieder 'n schlechtes Gewissen gehabe, ne, also.

B: Nä, dat is' wirklich ejal.

H: Natürlich.

B: Das muß man sagen.

H: Das ist wirklich so was von egal.

B: Sieben oder acht, ist doch ejal.

H: Natürlich.

B: Muß ich ehrlich sagen: Wenn ich beim Chinesen wär', würd' ich auch sagen, dat wär' mir ejal.

H: Natürlich!

B: Muß ich echt sagen. Hauptsache, et schmeckt.

H: Ach ja. Jürgen, ich hab' da gesessen und gedacht, ach, das ist mir aber so was von egal, jetzt hier. Ach sicher.

B: Also wirklich: Wenn wat ejal ist, dann is' et doch dat!

H: Ach, natürlich.

B: Ne, sieben oder acht, ist doch wirklich egal. Ich würd' sogar bald sagen: Sechs wär' och noch ejal.

H: Natürlich.

B: Fünfe! Ach!

H: Fünfe grade sein lassen, ja sicher.

B: Das ist doch ejal!

H: Ach, klar. Also –

B: Ach! Dat ist doch so wat von ejal!

H: Natürlich.

B: Also wirklich ejal.

H: War mir ja auch egal, ne.

B: Also, wär et mir och ejal, muß ich ehrlich sagen, dat wär mir su jet von ejal.

H: Das war mir aber sowas von egal. Ich möcht' fast sagen: scheißegal.

B: Nee.

H: Ja klar.

B: Ich mein', gut, es stand natürlich acht da.

H: Ja, klar.

B: Da ist der Chinese auch blöd, daß er's so genau dahinschreibt.

H: Ja, natürlich. Ja, klar.

B: Dat ist in Köln besser. Da kannste Halven Hahn hinschreiben, und trotzdem Käsebrötchen hinlegen.

H: Ja, sicher. Natürlich. Ach, das ist doch wirklich egal.

B: Dat is' ejal.

H: Natürlich.

B: Wahrscheinlich hat der Chinese gedacht: Ach, schrievste ens acht hin, is' ja ejal.

H: Natürlich.

B: Der meint das nicht so genau, der meint wahrscheinlich so im Sinne von: ungefähr acht.

H: Ach, klar, so über'n Daumen.

B: Ne, so meint der das, ungefähr acht.

H: Ja, ja, natürlich.

B: Wollen wir mal sagen: circa.

H: Natürlich.

B: Ne, aber dat Wort circa gibbet im Chinesischen ja jar nit, also wollen wir mal sagen: quasi.

H: Ja. Sicher.

B: Dat is' Chinesisch: quasi.

H: Natürlich.

B: Quasi acht.

H: Ach, ist ja auch egal.

B: Dat ist ejal, im Grunde, aber su hätt der sich dat gedacht, dat et vielleicht so – vielleicht ist et auch jar nicht so jemeint im Sinne von acht jetzt.

H: Natürlich.

B: Vielleicht ist dat mehr so'n Eigenname, dat man sagt: Acht Kostbarkeiten –

H: Ja, dat ist so 'ne Begrifflichkeit.

B: Dat man sagt: So, das ist so'n Ausdruck da.

H: Ja.

B: Und bei Acht Kostbarkeiten, dat meint nicht, daß da acht liegen, sondern mehr so wie After Eight.

H: Ja sicher.

B: Da sind ja auch nicht acht Stück drin. Oder After Shave, ne, dat ist ja auch nit von After.

H: Obwohl, das muß jeder selber wissen, wo er sich das hinschmiert. Ich sage immer: Hauptsache, es schmeckt. Und da muß ich sagen, ganz lecker.

B: Dat ist 'n Eigenname.

H: Ja, natürlich, dat war mir so was von egal.

B: Vielleicht hat der Chinese auch gar keine acht jetzt, im Chinesischen. Wenn man das übersetzt, daß es im Chinesischen vielleicht jar keine acht gibt. Da kommt vielleicht nach sieben direkt die neun, vielleicht jibbet dat Wort acht jar nit.

H: Kann auch sein, daß das irgendwie so'n Freudenausdruck war, daß die so sagen: Ach, äh – Kostbarkeiten hier.

B: Dat ist ja 'ne janz andere Kultur, dat wissen wir doch jar nit.

H: Nein.

B: Ja, vielleicht ist dat sojar ein chinesisches Sprichwort. Acht Kostbarkeiten!

H: Kostbarkeiten, ne.

B: Ja. So wie man bei uns irgendwie sagt, mal fünfe grade sein lassen, da meinen wir auch nicht fünf mit, dat ist ja einfach mal so.

H: Ach, guck mal, dat ist ja auch wirklich egal. Also –

B: Vielleicht is' et mehr so –

H: Ich muß – ich muß wirklich sagen, in dem Moment war mir das wirklich egal. Also.

B: Ja, dat glaub' ich, dat wär' mir och ejal. Also muß ich sagen, dat ist –

H: Ja, Jürgen, dat ist ja auch egal.

B: Da muß man einfach tolerant sein.

H: Ganz objektiv betrachtet.

B: Dat ist wirklich ejal. Also wenn – wirklich, wenn wat ejal is', dann is' et dat.

H: Ach, auf jeden Fall.

B: Dat ist so wat von ejal!

H: Ach!

B: Nä, is' dat ejal!

H: Natürlich. Hör mal, weißt du, was mir das war?

B: Ja.

H: Dat war mir egal.

B: Ja, wirklich.

H: Also.

B: Nä, dat wär' mir och ejal.

H: Natürlich. *(Pause)* Ich hab' die Bedienung dann einfach mal drauf angesprochen, hab' gesagt: Sooooo – nicht, da haben Sie jetzt hier einfach mal nur sieben statt acht Kostbarkeiten da drauf getan. Ach, das ist doch egal! Obwohl, so ganz korrekt ist es natürlich nicht. Wenn ich jetzt zum Beispiel vom Ordnungsamt wäre, ne, dann müßte ich Ihren Laden jetzt leider dicht machen, ne. Ich sage ja, es sei denn, Ihre achte Kostbarkeit, die wäre jetzt vielleicht für westliche Augen irgendwie unsichtbar. Quasi aus Tausend und einer Nacht, ne. Da sagt se: Ja, ihr wären leider die Zwiebeln ausgegangen. Ne, da hab' ich gesagt: Das ist doch egal. Ich sag' ja auch nur: Wenn ich vom Ordnungsamt wäre, ne. Ja, vielleicht bin ich ja wirklich vom Ordnungsamt. Da hab' ich ihr mal kurz meinen Ausweis gezeigt, ne. Hab' ich einfach so die Hand hochgehalten, hab' ich gesagt: Ja, der ist übrigens auch unsichtbar, nicht, wie Ihre achte Kostbarkeit hier, nicht. Da sagt se: Ja, ich könnte mir jetzt 'n Nachtisch kostenlos aussuchen. Da hab' ich gesagt: Ja, gut, aber nur 'n Nachtisch. Ist ja jetzt auch en bißchen wenig. Da hat se gesagt: Ja gut, dann halt noch 'n Pflaumenschnaps. Da hab' ich gesagt: Ja, den gibt's ja sowieso immer umsonst. Ja, wir haben uns dann auf 'ne Flasche Moët et Chandon geeinigt, und dann fragt se, ob ich denn jetzt zufrieden wäre, da hab' ich gesagt: Ja, was heißt schon zufrieden? Nicht, Ihre Goldfische da drüben gefallen mir übrigens auch sehr gut. Die hat sie mir dann eingepackt. Und dann hab' ich gesagt: Und dieses chinesische Tischlämpchen hier, das könnt' ich mir auch sehr gut in meinem Wohnwagen vorstellen, ne. Da ist se ganz blaß geworden, ne, hat gesagt, das könnte se mir jetzt leider nicht abschrauben. Das wäre jetzt ein Andenken an ihren Urgroßvater in China. Ja, da hab' ich ihr noch mal kurz meinen Ausweis gezeigt, ne, und hab's halt selber abgeschraubt. Also von daher muß ich sagen: Also mit dem Asiaten kommen wir an und für sich wunderbar klar. Nächste Woche wollte ich mal zum

Inder. Nö, weil da hab' ich so'n schönen Wandteppich gesehen. *(Applaus)*

III.

Öl

B: Ich muß sagen: Beim Chinesen, fällt mir grade ein, beim Chinesen, da können wir alle froh sein, daß der noch Kommunist ist.

H: Das stimmt.

B: Ne, der Chinese. Also mein lieber Freund. Stellen Sie sich mal vor, diese ganzen Milliarden von Chinesen, die würden alle so leben wie wir. Das ginge ja gar nicht.

H: Ach, Jürgen, das ginge ja dann überhaupt nicht.

B: Nä. Mein lieber Freund. Ne, stellen Se sich mal vor, die hätten alle ein Auto, Pekingente 2CV.

H: Ach, Jürgen, da gäb' es doch jetzt schon kein Öl mehr.

B: Nö, da war dat janze Treibhauseffekt, der wär' aber so, wenn der Chinese auch, ho, ho, die wollen denen ja jetzt Autos verkaufen: Porsche, Opel, Mercedes, die fangen doch an, den Chinesen Autos zu verkaufen.

H: Die sind doch bekloppt.

B: Sind die des Wahnsinns? Ne, der Chinese auch noch Auto? Nee, das geht nicht. Der Chinese ist ja Kommunist. Und muß man ja sagen: Kommunismus ist ja ohne Auto. Kommunismus ist ja im Bus. So zusammen, Kommunismus. So Omnibus. Daher kommt das ja. Omnibus Kommunismus. Daher kommt das.

H: Ja.

B: Man kann sagen: Der Kommunismus ist im Bus, und der Kapitalismus im Stau. Auch der Russe. Da können wir froh sein, daß der so lange Kommunist war, daß der das Öl für uns übriggelassen hat, daß der nicht Auto gefahren ist.

H: Das stimmt. Das stimmt. Ich meine aber, es ist einfach so: Der eine braucht mehr, der andere weniger.

B: Ja.

H: Ich meine, gut, wenn der Chinese gerne Fahrrad fahren möchte, bitteschön.

B: Mi'm Rad erus, sagt man ja.

H: Das muß er selber wissen.

B: Kommunismus. Kommt ja daher. Mi'm Rad erus, Kommunismus. Daher kommt das.

H: Ach, daher kommt das. Ach ja.

B: Ja, ja, ne.

H: Ich hab' mich immer schon gewundert, woher das kommt, aber –

B: Nö, daher kommt das.

H: Ja, ja.

B: Komm' ich auch grade drauf, daß das daher kommen könnte.

H: Ah ja, ah.

B: Mi'm Rad erus, Kommunismus.

H: Ja, ja. Nee, aber ich mein', das ist einfach so: Der eine braucht mehr, der andere weniger.

B: Ja.

H: Ne. Jürgen, ich meine, ich kann doch auch mit sieben Kostbarkeiten leben, ne. Kein Problem, aber acht sind mir einfach lieber, ne. Weiß ich auch nicht, aber das schmeckt mir einfach besser irgendwie, also.

B: Das ist ja mit dem Öl genauso. Dat Öl ist ja auch in dem Sinne 'ne Kostbarkeit, ne, wollen wir mal so sagen: Hier ist jetzt die Erde, und die Sonne scheint auf die Erde drauf, und macht dann aus den ganzen Bäumen, aus den Insekten, macht die Sonne Öl. Ne, und jetzt ist dat Öl in der Erde drin, wollen mal sagen, als Jahrmilliooonen gespeicherter Sonnenenergie, schönes Stöffchen, in der Erde drin. Jetzt kommt der Mensch dahinter, haut 'n Loch in den Tresor und holt das Zeug da raus. Ja, da kann man's doch mal eben in hundert Jahren verfahren! Ne.

H: Ja, sicher. Bevor es schlecht wird.

B: Wer zuerst kommt, tankt zuerst.

H: Natürlich. Ich meine gut, wenn der Chinese dann auch mal Auto fahren möchte, ja, dann muß man halt sagen: Was weg ist, ist weg.

B: Hätt' er sich vorher überlegen müssen.

H: Beides geht nicht: entweder – oder, ne.

B: Man kann nicht alles haben, ne. Nee.

H: Ich meine, gut, es ist ja auch so, ich mein', das wächst ja auch wieder nach.

B: Sicher!

H: Das Öl.

B: Dat Öl wächst ja.

H: Das ist ja Natur. Das bildet sich ja wieder nach.

B: Ja.

H: Das wächst immer wieder nach.

B: Immer wenn ich 'ne Fliege sehe, denk' ich: Du wirst auch noch Öl.

H: Hm. Gut, ich meine, das dauert dann wieder en paar hundert Millionen Jahre, aber ich meine, da ääääh – müssen se sich halt en bißchen in Geduld üben, ne. *(Applaus)*

B: Das geht nicht von heute auf morgen.

H: Nee.

B: Das ist klar. Deswegen haben wir hier auch Nordrhein-Westfalen auf der Karte so groß draufgemalt, da sagt ja manch einer: Das ist ja eine Un- eine Unverschämtheit, so groß wie'n ganzen Erdteil – aber das stimmt! Sehen Sie mal: Wir in Nordrhein-Westfalen, wir haben mehr Autos als ganz Afrika. Jetzt sind Sie dran! Sogar erheblich mehr. Und da leiden wir doch auch drunter, da sehen wir: Ganz Nordrhein-Westfalen ist ein Stau! Ne, und das ist eben der Unterschied. Sehen Sie mal, in Afrika, da stehen die Menschen in einer Schlange für wat zu essen, und bei uns sitzt man im Stau vor Essen. Das ist Fortschritt, da muß man wirklich sagen: Dort steht man in einer Schlange wegen einem Mangel, und bei uns sitzt man im Stau wegen dem Überfluß. Aber man kann eben sitzen. Und das ist das Schöne, deswegen müssen wir damit rechnen, daß der ein oder andere Afrikaner noch zu uns kommen will, das ist ja schon bequemer, wenn man nicht mehr stehen muß.

IV.

Die Aape

B: Historisch gesehen stammt ja der Mensch vom Affen ab.

H: Ja. Weiß ich nicht.

B: Doch. Der stammt vom Affen ab. Dat ist so.

H: Du vielleicht.

B: Der Westfale nicht?

H: Ja, weiß ich nicht.

B: Doch, der Rheinländer stammt vom Affen ab, das ist erwiesen.

H: Hm.

B: Das sieht man auch zum Beispiel hier an Peter Müller. Genannt: Müller's Aap. Ich weiß nicht, ob du das weißt – ich kenne – die Jugend kennt den vielleicht gar nicht, weil heute sagen sie Henry Maske, aber früher gab es eben auch Peter Müller, das war der Schwergewichtsmeister in den 50er Jahren, Mittelgewichtsmeister, muß man sagen. Der hat übrigens auch gesungen, wissen Sie das? Der hat immer so herrliche Lieder gesungen. Ging der auf die Bühne und sang: *(B. singt)* Verlier ich diesen Kampf hier heut, dann sagen die Leut ..., dieser Peter ist ein Flaschenexemplar. Drum geh' ich wieder ran, und kämpfe wie ein Mann, Ring frei zur nächsten Runde, Ring frei, jetzt komme ich, pa, pa, pa, pa. Ring frei zur nächsten Runde, so bleibt ein echter Boxer frisch. Peter Müller!

H: Super! *(Applaus)* Suuper! Da merkt man richtig, wie der Rheinländer auf diese Schunkelrhythmen konditioniert ist, du. Mein lieber Scholli, du!

B: Muß man auch!

H: Alle Achtung.

B: Ein heiteres Liedchen, und schon ist Bombenstimmung im Saal.

H: Suuper!

B: Also, wir haben zuvor Peter Müller *(siehe Seite 46)* bei der Ausübung seiner beruflichen Tätigkeit in den 50er Jahren gesehen, und der weißgekleidete Herr, der hier in gefährlicher Schräglage auf den Boden der Tatsachen zurückkehrt, trägt keine Boxhandschuhe. Folglich handelt es sich also um den Ringrichter. Peter Müller hat den Ringrichter K.o. geschlagen. Es war ein Westfale. *(Applaus)*

H: Wo hast du diesen Humbug eigentlich her? Aus der Bäckerblume, oder?

B: Hab' ich mir ausgedacht.

H: Der reimt sich das alles zusammen, mein lieber Scholli.

B: Nä, das ist Originalton Peter Müller. Paß auf. Der hat das genau erklärt. Der wurde in jeder Talkshow gefragt: Sag mal, wie ist das eigentlich passiert? Ja, paß op, ja, das war foljendermaßen: Ich wor ja mal kleene Boxer, ich wollt' ja Nahkampf in der ungen eran, ich wollt' ja Nahkampfkämpfer, Nahkampf, verstehst du, wat ich meine, ich konnt' ja nur ungen eran, weil ich 'ne kleene Boxer wor, und da hätt' der Ringrichter uns immer jetrennt. Ich sag' immer: trennen, trennen, trennen, was trennen Sie uns immer so? Da sät der für mich: Halt's Maul, du Zigeuner! Do han ich en usjenock! Ja, der Begriff Usnocke kommt aus dem Englischen K.o. – Knock out. Daraus mät der Kölner Usnocke. Von Peter Müller stammt ja auch der Spruch: Nit lang labere – treck usnocke! Jetzt müssen wir uns mal anhand der marodierenden Bürgerkriegsbomben auf der Welt fragen, der Serbe, der Kroate, der Bosniake, der Tschetschene, der Russe, der Kurde, der Türke: Hat die Welt Peter Müller mißverstanden? Vor allen Dingen: Woher kennt der Bosniake Peter Müller? Bei Peter Müller handelt es sich doch wissenschaftlich betrachtet um die verkürzte Evolutionsstufe vom Affen zum Anarchisten. Was aber haben wir im Balkan gesehen? Ganz normale Männer vergewaltigen reihenweise Frauen und Kinder. Das macht doch der Affe nicht, da ist uns doch der Schimpanse haushoch überlegen. Dabei stammen wir doch alle vom Affen ab. Sehen Sie mal: Orang-Utan, das heißt nichts anderes als Onkel Udo.

H: Ist klar.

B: Deswegen muß man sagen: Die Gewalttätigkeiten auf der Welt, das ist nicht der Affe in uns allen, das ist der Westfale in uns allen!

H: Ach, Jürgen, das ist doch wirklich Humbug.

V.

Der Surfer

H: Hör mal, was ich dich immer noch mal fragen wollte. Ich weiß gar nicht, ob das jetzt hier so reinpaßt, aber: Sag mal, surfst du eigentlich? Surfen. Nee, würd' mich nur mal interessieren jetzt, also ganz privat.

B: Nä.

H: Nee?

B: Das paßt aber auch jetzt nicht hier rein.

H: Hm. Nee, ich hab' das selber mal gemacht, und bin da ...

B: Ach so, daher.

H: Ja, ja, ich hab' das mal gemacht,

B: Hm.

H: ... bin da direkt ins Wasser geflogen, hab's dann auch direkt wieder gelassen. Aber ich hab' irgendwie so gedacht: Jürgen, weiß ich auch nicht, das ist irgendwie so'n Typ für so'n Brett, also –

B: Ich?

H: Ja, ja.

B: Nä.

H: Hm.

B: Nä, Surfen ist für mich jetzt ...

H: Hm.

B: ... kein Thema.

H: Hast du nie mal irgendwie so überlegt, so, daß du gedacht hast, so, okay, ich mach' den Schritt jetzt einfach mal, ne, ich kauf' mir mal so'n Brett jetzt, ich fang' jetzt einfach mal an oder so?

B: Nä.

H: Nee?

B: Ich weiß, daß es das gibt.

H: Hm.

B: Ich hab' das damals gesehen, als das aufkam, hab' ich gedacht: Ach, jetzt surfen die da.

H: Hm. Hm.

B: War auch im Aktuellen Sportstudio, da haben die einem das erklärt.

H: Hm.

B: Hier ist 'ne neue Sportart, die heißt Surfen.

H: Hm.

B: Dann kam das ja damals auf. Und dann machten das ja alle.

H: Aber da hast du nie so den Reiz gehabt, daß du gedacht hast: So, ach, ich müßte auch mal dabeisein jetzt.

B: Nö, nö, nö, nö. Ich muß nicht jeden Mist mitmachen.

H: Hm.

B: Ist für mich Quatsch.

H: Hm.

B: Muß ich echt sagen. Hab' ich direkt gemerkt: Für mich ist dat nix.

H: Hm.

B: Wer surfen will, mir ist dat egal. Wenn du surfen willst, mach dat, ich hab' nix gegen Surfer im allgemeinen jetzt.

H: Hm.

B: Wenn einer surfen will, soll er's machen, aber für mich isset persönlich uninteressant. Muß ich sagen.

H: Hm. Nee, ich weiß auch nicht, ja, ich könnt's mir einfach unheimlich gut vorstellen bei dir. Du auf so'm Brett. Ich mein', mußt du selber wissen, also ich will dich da auch nicht ...

B: Nee, find' ich auch, muß ich selber wissen.

H: Hm.

B: Ich weiß es ja auch.

H: Hm.

B: Wenn du et machen willst, mach et. Mir ist dat egal.

H: Nee. Für mich ist das kein Thema, also das ist klar.

B: Für mich auch nicht.

H: Hm. Hm. Ich könnt' mir das einfach unheimlich gut vorstellen, also, du in so'm Neoprenanzug, also –

muß ich schon sagen. Also ich mein', so'n Ding, das kann man auch privat mal anziehen, ne, also so unter der Kleidung. Es gibt Leute, die stehen auf Latex. Ich will dir das jetzt nicht unbedingt unterstellen, aber …

B: Nee.

H: Nee, das könnt' ich mir wirklich gut vorstellen bei dir.

B: So 'ne Bellopremanzug kommt mir nicht ins Haus.

H: Hm.

B: Ich hab' lieber weite Sachen, daß man schön weit was anhat, wo Luft drunter ist.

H: Hm.

B: Nee, so was Enges zieh' ich nicht an.

H: Hm. Hm. Nee, du mußt einfach so für dich sagen: Okay, ich mach' den Schritt jetzt einfach mal, nicht, egal, was die Leute sagen. Übrigens, wenn du weitere Klamotten gerne trägst, dann kannst du auch 'n weiteren nehmen, ne. Nimmst du irgendwie XXL oder so.

B: En Bellopremanzug muß ja eng sein, das ist ja Quatsch. Das ist ja bei Tauchern auch so.

H: Hm.

B: Die haben den ja an, damit se nichts an de Nieren kriegen oder wat.

H: Hm.

B: Aber ich hab' ja nix an de Nieren. Für mich ist das einfach Quatsch nur.

H: Hm.

B: Ich hab' et auch im Urlaub beobachtet.

H: Hm.

B: Ist ja so, wenn man in Urlaub ist: Der Surfer ist ja schon da. Se können ja hinfahren, wo Se wollen, der Surfer ist immer schon da.

H: Hm.

B: Und dann immer das ganze Theater, wat die machen, dat Brett vom Auto runter, wissen Se, und dann mit der Stange, und dann dat Segel und de janzen Anzüge.

H: Hm.

B: Da schleppen se alles zum Strand. Dat ist für mich kein Urlaub, dat muß ich sagen. Urlaub ist, wenn man mal sagt, wenn man sich mal wat hinlegt und man so mal bißchen liegt, und man sagt: So, jetzt will ich mal wat lesen, mal wat sprechen mit der Frau, mal wat schwimmen. Dat ist für mich Urlaub. Aber nit da dat Theater mit dem Brett.

H: Hm.

B: Ne. Bretter schleppen ist für mich kein Urlaub. Kann ich auf den Bau gehen, wenn ich Bretter schleppen will.

H: Hm.

B: Für mich uninteressant.

H: Hm.

B: Ist für mich kein Thema. Surfen.

H: Hm. Nee, ich stell' mir grad' so vor, wie du so aus'm Wasser kommst, ne, hast du so'n Anzug an, so in Übergröße, ne, hast du überall so Wasser da drunter, ne, kommst du raus aus'm Wasser, so gewankt, wie so'n Bodybuilder, ne, und dann gehst du zu deiner Freundin, ne, beugst du dich so drüber, dann machst du hier so auf, auf einmal, ne, kommt das ganze Wasser raus, ne. Dann erschreckt die sich schon mal, ne, dann schreit sie so: Aaahhh, oder so, ne. Und dann sagst du zu ihr: Sooo –, nicht, jetzt hab' ich aber hier prima gesurft, ne.

B: Ja, wenn du dat unbedingt machen willst, dann mach' et doch!

H: Nö, also für mich ist das kein Thema. Ich hab' das ja mal ausprobiert.

B: Hm.

H: Aber ich hab' einfach gedacht, so, ich sag's dem mal, weil du bist ja auch so'n Typ, du hältst einem das ja hinterher vor, wenn man's nicht gesagt hat, ne, dann sagst du so: Ja, Rüdiger, warum hast du denn nichts gesagt?

B: Nee, du hast et ja schon gesagt.

H: Ja, ja, ich sag's ja auch nur, ne.

B: Ja, ja. Mal so dahergesagt.

H: Ja.

B: Für mich ist dat nix. Ich hab' et im Urlaub jenau jesehen, ich kenn' dat mit dem Surfen.

H: Hm.

B: Ich hab' schon Männer gesehen, die sind immer mit ihren Anzügen und hier wieder Show, und da wieder 'n neues Brett, und dann da wieder Segel abmachen, neues dranmachen, und so am Fachsimpeln, dann sind se do wieder ins Wasser.

H: Hm.

B: Und wieder rein, und wieder raus, und wieder rein, und wieder raus. Dat janze Theater. Und die Frau liegt dann unkontrolliert am Strand.

H: Hm. Na ja, klar, dat ist bei dir natürlich schon 'n Problem, das stimmt.

B: Hm.

H: Du mußt es einfach für dich selbst entscheiden. Du mußt wirklich so im stillen Kämmerlein für dich sagen: Okay, ich mach' den Schritt jetzt einfach mal. Ich lös' da für mich vielleicht auch 'ne Denkblockade, du löst doch sonst immer mal Denkblockaden bei dir, ne. Ja, und dann hast du halt so'n Ding da.

B: Vielleicht, dat du dir dat dann leihen kannst? *(Applaus)*

H: Ja, aber nur, wenn du's mal nicht brauchst, also. Was weiß ich, irgendwie am Wochenende oder so. Klar, da würd' ich's schon mal übernehmen.

B: Und bei mir liegt et dann in der Wohnung rum, da ist sowieso schon zu eng, so süht dat us, ich kenn' dat.

H: Ja, wir können das schon bei mir deponieren, also. Das ließe sich schon machen. Gegen ein geringes Entgelt, klar. Das könnte man schon machen.

B: Hm. Nä, nä, für mich ist dat Quatsch.

H: Hm.

B: Ich hab' damit abgeschlossen, mit dem Thema, schon seit Jahren.

H: Hm.

B: Für mich ist dat direkt, hab' ich dat gesehen, dat ist nix.

H: Hm.

B: Auch im Urlaub, ich kenn' et ja vom Urlaub her, da ist man ja immer mit dem Surfbrett zusammen am Strand, ich denk' immer: Wo segeln die hin mit dem Brett? Aber wo wollen se am Meer schon hinsegeln, da ist ja nix. Statt dessen segeln die immer hin und her.

H: Hm.

B: Sind die immer am Surfen, immer hin und her.

H: Hm.

B: Ist für mich total daneben, hin und her. Ich setz' mich doch auch nicht ins Auto und fahr' hin und her.

H: Hm.

B: Ist für mich persönlich Hospitalismus.

H: Hm. Hm. Ich könnte dir da ganz unverbindlich mal Prospektmaterial zukommen lassen, ne, daß du dann halt sagst: Okay, das nehm' ich, dann machst du so'n Kreuzchen dann dran oder so, ne.

B: Mach du dat doch gleich dran, dat Kreuzchen.

H: Ja gut, kann ich auch, klar.

B: Du weißt ja scheinbar jenau, wat de willst.

H: Hm. Ja, ja.

B: Aber für mich ist dat kein Thema, für mich ist dat abgehakt.

H: Hm.

B: Ich muß so'n Dingen nit han.

H: Ja, gut, aber ich meine ja, man will's doch wenigstens wohl noch mal gesagt haben dürfen, oder?

B: Ja, du hast es ja gesagt.

H: Ja, gut, aber da muß man doch nicht jetzt so bockig hier reagieren! Ne. Da muß man doch nicht gleich pampig werden hier. Meine Güte! Also man wird es doch wohl noch mal ansprechen dürfen! Daß du dann gleich so aggressiv reagieren mußt hier. Ich hab' dir doch nichts getan! Meine Güte, ich zeig' dir da neue Möglichkeiten auf, dich selbst zu verwirklichen, ne, und du – ja, ist doch wahr! Ich mein', der Ton macht die Musik! Ne. Meine Güte, bist du aggressiv! Also! Der springt mir ja gleich an die Gurgel hier! Hilfe! Mein Gott – so haben wir aber nicht gewettet! Ja. Man wird es ja wohl noch sagen dürfen. Das wird doch wohl noch erlaubt sein.

Ach, wir sind uns wohl zu fein für so'n Brett. Ihre Hochwohlgeboren hätte das Brett wohl gerne auf einem Silbertablett serviert bekommen. Du bist auch nicht der Typ für so'n Brett. Wenn du freiwillig in die Isolation gehen möchtest, bitteschön. Aber sag hinterher nicht, ich hätte nichts gesagt. Pampig wird das Kerlchen ...

B: Hm. *(lacht)* Sag' mal, hast du dir denn eigentlich Gedanken gemacht, wie wir aus der Nummer wieder rauskommen? *(Applaus)*

H: Ja, ich würd' sagen: Machen wir einfach mal 'ne Pause jetzt hier. *(Applaus)*

VI.

Daher kommt das

B: Wir müssen jetzt im sechsten Kapitel, bevor wir uns wieder in Sportarten verlieren, unbedingt noch klären, was jetzt eigentlich der Unterschied ist, zwischen Westfale und Rheinländer. Man muß ja zunächst mal sehen: Heute sind wir ja gemeinsam der Abendländische Kulturkreis. Also das christliche Abendland. Das merkt man daran, daß bei uns, wollen mal sagen, die Kulturveranstaltungen meistens abends sind.

H: Hm.

B: Das kulturelle Abendland.

H: Hm. Deswegen gibt's im Morgenland wahrscheinlich auch mehr Matineen dann.

B: Ja, der Moslem kennt ja kein Kabarett.

H: Ah ja.

B: Soviel ich weiß, man muß ja unterscheiden zwischen Minarett und Kabarett.

H: Hm.

B: Also wir sind jetzt der Abendländische Kulturkreis, das christliche Abendland, und dabei müssen wir bedenken, daß der Westfale ja noch sehr lange Heide war. Heute ist der auch Christ, aber damals war der ja noch Heide. Ganz lange noch. Da waren die Rheinländer schon längst kultivierte Kulturchristen. Wir sangen im Kirchenchor Großer Gott, wir loben dich, und wenn et erst am Mittag ist. Da rannte der Westfale aber noch mit dem Fell im Busch rum.

H: Ja. Ich meine, wir hatten da einfach keinen Bock drauf, ne, immer so früh aufstehn. Dafür hatten wir dann unsere Naturgötter, ne. Da war der Liebe Gott dann irgendwo im Gebüsch, ne, oder im Rhododendron, je nach dem, ne. Dat war ja auch viel praktischer, ne. Da mußte man dann nicht so weit laufen.

B: Daher kommt das auch, wenn man sagt: Mein Lieber Gott, da ist was im Busch!

H: Ach, daher kommt das?

B: Ja. Daher kommt das.

H: Ich hab' mich immer schon gewundert, woher das kommt.

B: Nee, der Westfale, das war wirklich so'n Heidenvolk.

H: Hm.

B: Mit Fell an und so, also die haben ja wirklich so Tieropfer gebracht, so heidnische Bräuche, Tieropfer, Menschenopfer auch.

H: Ja.

B: Der Westfale war ja Kannibale.

H: Kann man doch mal machen.

B: Westlicher Kannibale. Westfale. Daher kommt das.

H: Ah. Ja, da hatte ich mich auch schon gewundert, also woher das wohl kommt, hab' ich immer gedacht, irgendwie, aber da weiß ich ja auch Bescheid.

B: Ja, daher kommt das. Daher kommt auch der Westfälische Bauernschinken.

H: Ah ja. *(Applaus)*

B: Das ist eins der wenigen Völker, die ihre Bauern aufessen.

H: Kann man doch mal machen ...

B: Man muß sich das mal so vorstellen: Der Westfale, der rannte immer mit so 'nem Fell rum und hatte so komische heidnische Dinger gemacht, haben direkt mit der Keule, haben se sich gegenseitig die Köppe eingeschlagen. Dat waren so richtig die Wilden, so die Wilden, die Barbaren.

H: Ach, hör mal, das ist doch ...

B: Das waren die Westfalen.

H: Das ist doch völliger Quatsch. Wir sind doch – eigentlich sind wir ein ganz friedfertiges Volk. Das muß man doch wirklich sagen. Wir haben doch zum Beispiel auch den Westfälischen Frieden geschaffen, ne, das habt ihr in Köln ja auch mal probiert, zehn Jahre früher, aber hat ja leider nicht geklappt, ne.

B: Das ist doch Quatsch. Was sollen wir denn in Köln den Westfälischen Frieden schaffen?

H: Wieso? Kann man doch mal machen.

B: Der Westfälische Friede im Rheinland?

H: Klar.

B: Das ist doch schon wieder 'n Kriegsgrund. *(Applaus)* Nee, da ist Westfalen besser geeignet. Wie war denn so der Westfälische Friede?

H: Schön.

B: Ja?

H: Hm.

B: Langsam wahrscheinlich.

H: Hm. Es ging.

B: Obwohl, in Westfalen ist auch der Krieg langsam. Da merkt man den Unterschied gar nicht so schnell. Zieht sich dann alles so.

H: Hm.

B: Ja, und wie ist es dazu gekommen jetzt? Zum Westfälischen Frieden, meine ich.

H: Hm. Ja, das hat ja diesen schrecklichen 30jährigen Krieg beendet, ne, dies Gemetzel damals, das weißt du doch noch. Das war doch deine Zeit.

B: Ja. Wenn da vorher 30jähriger Krieg war, vor'm Westfälischen Frieden, dann können wir Rheinländer ja jar nicht – also, das kann ja nicht sein, daß – also wenn jetzt 30jähriger Krieg ist, da können wir Rheinländer ja nit hingehen und sagen: Nach zehn Jahren ist Schluß. Wenn 30jähriger Krieg ist. Dann meine ich, muß man auch die Geduld haben, zu sagen: Okay, dat dauert jetzt 30 Jahre.

H: Hm.

B: Denn wenn dann ein 30jähriger Krieg nach zehn Jahren zu Ende ist, ist ja historisch jar nicht mehr haltbar.

H: Hm.

B: Aber ihr Westfalen wart wahrscheinlich so blöd, seid ihr hingegangen, nach zehn Jahren wolltet ihr Schluß machen, hat aber doch zwanzig Jahre noch gedauert. Weil sich das alles so zieht.

H: Hm. Ja, Jürgen, so wird es wohl gewesen sein.

B: Hab' ich mir auch gedacht: So wird es gewesen sein. Hm.

H: Hm.

B: Ja, und wie ist es passiert so? Nun erzähl' doch mal was, wenn du dir deine Geschichte hier zusammenreimst, dat du auch mal wat Bildung anbringst hier.

H: Ja, wie ist das passiert? Also das ging los mit diesem Prager Fenstersturz.

B: Prag liegt doch gar nicht in Westfalen.

H: Ja, Jürgen, du mußt doch mal 'n bißchen über deinen Kölner Tellerrand hinausblicken, also ehrlich, du. *(Applaus)* Ah, das ist ja unfaßbar. Also die Kölner, die schmoren ja wirklich im eigenen Saft, also. Permanent am sich selber feiern, also, mein lieber Scholli.

B: Dat weiß ich auch, daß ich über'n Tellerrand gucken muß. Aber das ist es ja – Toleranz kommt ja von Tellerrand.

H: Ah ja.

B: Daher kommt das.

H: Hm. Ich hatte mich da auch schon gewundert, woher das wohl kommt. Hast du eigentlich mal 'n Stift dabei, daß ich mir das mal aufschreiben kann, oder so? Damit ich da im Bekanntenkreis mal so'n bißchen protzen kann. Dann denken die, ich hätte heimlich 'n Fernstudium gemacht.

B: Ja, erzähl doch mal weiter. Wie war dat jetzt mit deinem komischen ...

H: Ja, quasi Fenstersturz, ne, da ist dann eben einer aus'm Fenster gestürzt.

B: Ach, ich dachte, nee, Moment, Prager Fenstersturz, dat ist ja, wollen mal sagen, so'n Markenartikel, wollen mal sagen, jetzt wie Kölner Brett. Prager Fenstersturz. Dat man dat so oben am Fenster so einbaut. Wollen mal sagen, beim Stinnes-Baumarkt: Ich hätte gerne 'n Prager Fenstersturz. Mit Rollädenkasten. Gibbet auch bei Obi.

H: Das dachte ich mir.

B: Hm. Nee, war et aber nicht.

H: Nee, nee, nee, dat war schon – also da ist schon richtig einer aus'm Fenster gestürzt, ne, dat heißt, eigentlich gestürzt worden. Und das war auch jetzt kein

Haushaltsunfall in dem Sinne, könnt' man ja jetzt denken, weil die meisten Unfälle passieren ja im Haushalt.

B: Hm.

H: Daß da einer irgendwie so'n Fenster gewischt hat, ne, dann so abgeglitscht ist und dann halt so da auf der Straße irgendwie zerplatzt ist, ne. Nee, dat war schon richtig mit Kalkül, ne, dat muß man sagen, ne.

B: Das war dann wahrscheinlich der Wenzel, der da aus dem Fenster gestürzt ist.

H: Jetzt wegen Wenzels-Platz wahrscheinlich.

B: Ja.

H: Ne. Hm. Mist, da hätte ich auch jetzt selber drauf kommen können.

B: Ja. Quasi als Aufforderung: Wenzel! s! Platz! Und dann ist der da zerplatzt.

H: Hm. Na ja.

B: Daher kommt das. So ähnlich wie Pariser! Platz!

H: Du machst dat schon.

B: Hm.

H: Hm.

B: Ja, wer war das denn jetzt?

H: Ja, wat weiß ich! Da war irgendwie 'n Protestant und Katholik –

B: Die gingen zum Arzt.

H: Dat ist ja mehr – dat ist ja mehr dein Niveau hier.

B: Ich merke, so, wie du dir deine Geschichte zusammenreimst.

H: Nee.

B: Wo nichts ist, muß man sich ja alles ausdenken. Es ist ja nichts da.

H: Das mußt du grade sagen!

B: Ha ha!

H: Das ist bei dir ja wirklich fundiert, also das muß man unterschreiben. Nee, das ist also – die haben sich halt irgendwie so'n bißchen zu weit aus'm Fenster gelehnt, ne, will ich mal sagen, haben se versucht, Gott so gegenseitig in sich reinzuprügeln. Das wird ja immer gerne gemacht. Das haben se mit uns in Westfalen früher auch schon mal probiert. Wir waren früher komplett heidnisch, dann komplett katholisch, dann komplett evangelisch, dann wieder komplett katholisch, und jetzt ist es mir auch egal, also, ne. Na, auf jeden Fall haben wir denen das mit dem Frieden dann mal erklärt und seitdem ist auch zwischen Rheinländern und Westfalen Frieden, ne, da gab's ja auch immer Zoff.

B: Das stimmt. Seitdem ist auch zwischen uns Frieden. Das sieht man ja auf dem nordrhein-westfälischen

Wappen, da ist ja rechts das Sachsenroß, das ist das Zeichen für Westfalen, denn Westfalen und Sachsen war ja früher eins, das Sachsenroß.

H: Das ist ja Quatsch. Das ist ein Münsteraner, Jürgen, das sieht man doch.

B: Ein Münsteraner hat nicht so dicke Beine, das Sachsenroß will also über den Rhein springen. Das heißt, die westfälischen Bischöfe wollten uns Rheinländer einsacken. Man muß natürlich sehen, die Bischöfe, das waren ja damals auch so Landesfürsten, also man kann sagen: Ministerpräsident und Bischof in einem. Stell dir mal vor: Rau und Meisner in einem. Wär' ja heute undenkbar. Obwohl, Rau als Bischof kann man sich wieder vorstellen. Sagt man ja auch: Bruder Johannes. Jetzt, wo er die absolute Mehrheit nicht mehr hat, wär' das ja 'ne Möglichkeit. Aber wie gesagt, das ist jetzt so, die westfälischen Bischöfe wollten sich uns Rheinländer einsacken. Zugegeben: unsere auch die. Wir wollten auch die Westfalen haben, und deswegen hat man ja dann später, als Pufferzone, das Ruhrgebiet mit Polen vollaufen lassen. Man kann sagen, als erste UNO-Blauhelmsoldaten.

H: Als Bergarbeiter getarnt.

B: Ja. Man kann sagen: Zwischen Westfalen und Rheinländern sitzt immer ein imaginärer Pole.

H: Quasi als ruhender Pol. Daher kommt das übrigens, ne. *(Applaus)* Ich kann das auch!

B: Du lernst sehr schnell.

H: Hm. Ja. So'n billigen Vergleich kriegt man immer hin irgendwie.

B: Ja, seitdem ist Ruhe im Karton, seitdem ist zwischen Westfalen und Rheinland Frieden eingekehrt.

H: Ja, dat wurd' aber auch langweilig, der eine nimmt dem was weg ...

B: Ja.

H: ... dann nimmt der andere dem was weg, dann nimmt der wieder dem was weg.

B: Ach. Und dann wieder der dem was weg. Und dann nimmt er dem was weg. Und dann wieder der dem was weg – ist doch uninteressant.

H: Ach.

B: Das merkt man auch an den Stellen, wo das Ruhrgebiet nicht dazwischenliegt, sondern wo Rheinland und Westfalen direkt aneinanderstoßen, wie zum Beispiel Hückeswagen. Da sieht man mal, wie egal das ist.

H: Ja. Ich bin da auch durchgefahren. Ich hab' mir das angeguckt, aber ist wirklich so was von egal, also. Das könnt ihr wirklich haben.

B: Ja. Ihr auch.

H: Nö, nimm es.

B: Dann teilen wir uns das. Dann kriegt ihr Hückes und wir Wagen. Da haben wir uns damals auch gesagt: Das ist wirklich egal. Was soll das Gezänke mit dem Westfalen, wir gehen lieber mal raus, in alle Welt, und gehen mal woanders plündern! Mal nach Afrika, mal nach Amerika!

H: Sicher, war doch für die Jungs auch mal ‘n bißchen Luftveränderung.

B: Ja eben. Und vor allen Dingen, das Tollste war, als wir dann mit dem Schiff ankamen, nach Afrika und nach Amerika, das war ja die Erkenntnis damals: Da wohnt keiner! Da kann man prima plündern, weil da überhaupt keiner wohnt!

H: Nee, da war ja nix. Kein Ortsschild, gar nix.

B: Nee. Da stand ja keiner am Ufer und hat gewunken: Hallo, hier wohnen wir! Nix!

H: Nee.

B: Die konnten noch nicht mal unsere Sprache!

H: Ja.

B: Die da nicht wohnten.

H: Das kam auch noch dazu. Ich meine, gut, die paar Indianer oder Afrikaner, die da aus’m Busch geguckt haben, ne, also, ich meine, wohnen kann man da auch nicht direkt sagen, es war ja mehr so Camping, ne. Aber mit denen sind wir eigentlich sehr gut klar gekommen. Wir haben denen einfach direkt erklärt, daß sie diese ganzen Bodenschätze da eigentlich gar nicht gebrauchen können. Nö, die haben das auch gleich eingesehen, ne, also. Dat war gar kein Problem für uns.

B: Weil da keiner wohnte.

H: Nee.

B: Das war im Grunde das Barbarenland. So war das früher für uns. Der Afrikaner, Barbarenland, Amerika, Barbarenland. Genau wie vorher Westfalen. War auch Barbarenland. Der Heide, der Wilde, der rumlief. Das war ja zum Beispiel bei uns in Köln so, dann floß der Rhein, und der Rhein war auch die Grenze. Linksrheinisch war der Römer, da war die Kultur, und rechtsrheinisch, da waren die Barbaren, die Westfalen, die Heiden. Das sieht man zum Beispiel in Köln noch auf der Schäl Sick. Also auf der rechten Rheinseite, da ist ja keine einzige große Kultureinrichtung, da ist ja alles nur – ja, gut, vielleicht das E-Werk noch. Aber das ist ja auch eigentlich 'ne Fabrik, das ist ja, damit der Fußbroich wat zu arbeiten hat. *(Applaus)* Und deswegen hat man dann später, quasi auf der Schäl Sick, den Tanzbrunnen als Missionsstation im Feindesland installiert, um dann einfach mal zu testen, ob auf dieser Rheinseite überhaupt Kultur möglich ist, und da ist ja dann später die Talentprobe draus entstanden. Wo es ja heute noch sehr barbarisch zugeht. Das ist immer das Barbarenland gewesen, und noch Konrad Adenauer hat als Kölner Oberbürgermeister immer, wenn er nach Berlin mußte, schon auf der Hohenzollernbrücke die Vorhänge im Abteil zugezogen und hat gesagt: In Deutz beginnt der Bolschewismus, und in Braunschweig die Walachei!

Das weltberühmte 3-Hasen-Fenster

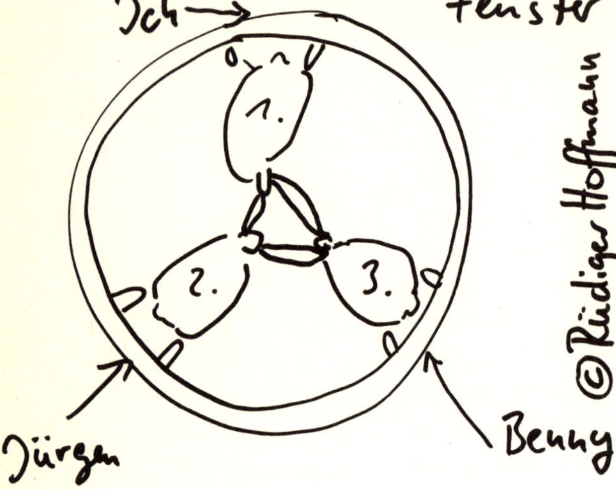

Der Hasen und der Löffel drei –
und doch hat jeder Hase zwei!

VII.

Das 3-Hasen-Fenster

B: Die Westfalen sind immer Barbaren gewesen, der Westfale hat ja keine Kultur. Sehen Se mal, das ist es ja, wir haben uns auch öfter schon mal aus'm Barbarenland so'n paar Sklaven rübergeholt damals, die dann in 'nem Gottesdienst 'n bißchen den Wein bringen mußten als Ministranten, haben wir hinterher ein Süppchen draus gekocht. Ministrone. Weil der keine Kultur hat ...

H: Ja, hör mal, das ist doch völliger Humbug, was du hier verzapfst, also keine Kultur. Wir haben doch zum Beispiel Hermann den Cherusker gehabt, ne, der hat doch das gleichnamige Hermannsdenkmal erfunden. Im Teutoburger Wald, ne.

B: Das ist ja auch Quatsch. Die Schlacht im Teutoburger Wald ist da ja historisch nie gewesen.

H: Ja, wat soll dat denn jetzt?

B: Das hat man wissenschaftlich festgestellt: Die war da gar nicht!

H: Ja, Jürgen, wo soll die denn gewesen sein?!

B: Ja, wat weiß ich wo, jedenfalls nicht im Teutoburger Wald!

H: Du bist ja bekloppt, du.

B: Vielleicht in Linnich! Oder in Hürtgenwald. Jetzt weiß ich et: Im Wiegengebirge war die, bei Osnabrück. Da war die gewesen.

H: Ach hör mal, das ist doch scheißegal.

B: Bei euch war die gar nit.

H: Ach komm, das ist doch scheißegal, wo das gewesen ist.

B: Dat ist wissenschaftlich, hat man festgestellt.

H: Ach, du und wissenschaftlich.

B: Das hab' ich –

H: Das ist doch wirklich scheißegal. Wir haben auf jeden Fall gegen den Römer gekämpft, ne, wir haben gesagt: Baut ihr hier euren Limes, ne, laßt uns da oben in Ruhe. Mit dem Rheinländer könnt ihr Spaß haben, ne. Könnt ihr auch grillen, je nach dem, ne. Aber laßt uns in Ruhe, ne. Wir haben gegen den Römer gekämpft. Ihr habt mit dem Römer geklüngelt. Daher kommt ja auch der Kölner Klüngel, ne. So was gibt's ja in Paderborn gar nicht.

B: Ja, leider. Wir haben uns damals gesagt: Jut, wenn der Römer kommt, dann kommt er halt. Der Römer war ja eine Hochkultur, die haben uns damals die Kultur gebracht. Der Römer hat uns die Wasserleitung gebaut aus der Eifel, der Römer war ja Klempner.

H: Toll.

B: Ja, hätt'st du mal sehen müssen, kilometerlang, da wärt ihr doch viel zu faul für gewesen.

H: Ah.

B: Herrliches Aquädukt, hat uns der Römer gebaut, dann hat er uns die römische Stadtmauer gebaut.

H: Toll.

B: Die ganzen römischen Gräber, die römischen Funde, die wir heute haben.

H: Hm.

B: Die römische Ausfallstraße, die römische Stadtmauer, wie gesagt, die ganzen römischen Tempel, den Kölner Dom.

H: Wie – ist der auch vom Römer?

B: Ja. Das Römisch-Germanische Museum.

H: Hm. Eros Ramazotti.

B: Die römische Sauna, das römische Dampfbad, all die schönen Sachen.

H: Hm. Toll.

B: Hat uns alles der Römer gebracht.

H: Hm.

B: So ein Römisch-Germanisches Museum, das suchen Sie in Paderborn vergebens.

H: Ja, hör mal, wat sollen wir denn mit 'nem Römisch-Germanischen Museum?

B: Eintritt nehmen.

H: Dafür haben wir doch zum Beispiel bei uns in Paderborn das weltberühmte 3-Hasen-Fenster.

B: Hmhm. Ja, und wat ist dat?

H: Ja, dat ist 'n Fenster mit drei Hasen drin. Aber nur drei Ohren. Aber trotzdem hat jeder Hase zwei, ne.

Jetzt bist du dran. Ja, da muß man erst mal dahinterkommen, ne. Ja.

B: Ja, und wat soll dat?

H: Wie – wat soll dat?

B: 3-Hasen-Fenster.

H: Ja, das ist das Wahrzeichen von Paderborn.

B: Das 3-Hasen-Fenster?

H: Korrekt.

B: Ist das Wahrzeichen von Paderborn?

H: Von Westfalen, möchte ich sogar behaupten. Ich persönlich gehe so weit.

B: Wie groß?

H: Na, ungefähr so.

B: Ein Klofenster.

H: Nee – nee, da ist richtig hinter'm Dom, ne, ist 'n Kirchenfenster.

B: Ach so, habt ihr wahrscheinlich damals, als ihr noch Heiden wart, mußtet ihr irgendwann doch das Christentum annehmen, und da habt ihr gedacht: Na gut, dann machen wir weiter wat mit Tieropfern und so, machen wir uns ein schönes – also wenn schon katholisch, dann als Karnickelverein. So. Fruchtbarkeits-Symbole aus dem Heidnischen heraus.

H: Schön rammeln und so, ne. Hm.

B: Ja.

H: Hm. Ja, wieso, das macht doch Spaß, ne. Hm.

B: Und dat ist jetzt dat Wahrzeichen? Toll.

H: Hm.

B: Ja, und warum hat das zuwenig Ohren? Das ist ja kein Wahrzeichen, verstehst du? Ein Wahrzeichen ist, wat man kennt.

H: Ja, wieso, das kennt man doch.

B: Da war ich mal. Wer kennt das?

H: Ja, das sind doch die meisten.

B: Der eine da? Hä, hä. Nee, dat ist kein Wahrzeichen. Wahrzeichen ist, wenn man mal irgendwo war, wo man sagt: Da war ich mal, da habe ich das gesehen. Schiefer Turm von Pisa.

H: Das leuchtet mir aber jetzt ein, ne. Das stimmt. Hm.

B: Oder Kölner Dom, den muß man nicht erklären. Da weiß man ja direkt: Da war ich mal, dat kenn' ich.

H: Hm.

B: Eiffelturm, da weiß jeder – da war mal einer aus der Eifel und hat 'n Turm gebaut.

H: Hm. Ist klar.

B: Dat ist 'n Wahrzeichen. Weiß man Bescheid. Aber –

H: Hm. Ne. Warsteiner. Ist lecker, ja.

B: Das ist gut.

H: Ja. Warsteiner ist lecker.

B: Weiß jeder, da war ich auch mal besoffen.

H: Hm.

B: Weil das 'n alkoholisches Wahrzeichen ist. *(Publikumszuruf: Das ist doch egal!) (Applaus)*

H: Jetzt aber nicht übermütig werden da unten! Laß uns mal weitermachen jetzt.

B: Du mußt dat Wahrzeichen jetzt mal erklären.

H: Ja.

B: Wenn der sich jetzt verfährt mal hier. Hinter Mönchengladbach falsch abbiegt und auf einmal ist der in Paderborn, daß er dieses Zeichen sieht und weiß: Auwei, hier bin ich im Feindesland.

H: Hm. Ja, gut.

B: Nicht, daß der dann da frech wird und eins auf die Rübe kriegt von euch.

H: Ja, ja, das wird gefährlich.

B: Deswegen wär' es gut, wenn du das mal erklären würdest.

H: Ja, ich kann das gern mal erklären. Auch dir, weil du das ja auch nicht so ganz verstehst: Du mußt dir einfach mal vorstellen, du wärst 'n Hase.

B: Ja.

H: Geht?

B: Ja, wenn es der Wahrheitsfindung dient.

H: Hm. Prima. Ich wäre der andere Hase, ne. Kann man sich ja auch vorstellen, ne. Also sagen wir mal, ich mir zumindest.

B: Ja.

H: Aber ist ja auch egal. Und dann hätten wir hier oben noch 'n dritten Hasen.

B: Ja.

H: Der ist jetzt allerdings nicht wirklich da, ne. Also nicht, daß du denkst, hier wäre jetzt 'n Hase irgendwie oder so, ne, der ist schon imaginär jetzt, also den müssen wir uns einfach vorstellen.

B: Ja, ist klar.

H: Ne.

B: Wir sind ja auch keine wirklichen Hasen. Wir sind ja auch imaginäre Hasen.

H: Ja, ja. Klar.

B: Also man kann sagen: Wir haben drei imaginäre Hasen, von denen zwei Menschen sind.

H: Hm.

B: Und einer ist nix.

H: Hm. Ja, ja.

B: Aber jeder ist imaginärer Hase.

H: Hm. Ich nehm' meinen Arm mal eben runter, sonst läuft mir das ganze Blut da raus, ne.

B: Ja.

H: Hm. Ja, auf jeden Fall, wir drei liegen im Fenster.

B: Ja.

H: Mußt du dir vorstellen, ne.

B: Ist okay.

H: Und jetzt würd' also hier mein rechtes Ohr – würd' jetzt hier bis zu deinem linken Ohr gehen, ne, und dein rechtes Ohr, ne, das würd' jetzt hier hochgehen – äh – sag' mal, hab' ich eigentlich schon gesagt, wie der Hase heißt, hier oben? Ist ja besser, daß man das weiß. Also ich denk' mir so, sagen wir ruhig – der Bernd, ne, oder Benny, ist egal, ne.

B: Ist egal.

H: Benny-Bunny oder so, ne.

B: Dat is' ejal.

H: Ja. Genau. Und dann würd' das hier – Moment, wo war ich – von deinem rechten Ohr zum linken Ohr vom Benny gehen, ne, das wär' jetzt das zweite Ohr, und das rechte Ohr vom Benny würde hier nahtlos an mein linkes Ohr anschließen, ne, dann wären's also der Hasen und der Löffel drei, und doch hat jeder Hase zwei, ne. *(Applaus)* Ja, das ist doch super.

B: Ja, das muß ich auch sagen.

H: Ja. Find' ich auch.

B: Und das ist jetzt das Wahrzeichen von Paderborn!

H: Von Westfalen, möcht' ich sogar behaupten. Wie gesagt, ich persönlich gehe so weit.

B: Toll.

H: Hm.

B: Und wann braucht man das mal?

H: Wieso, das kann man doch gebrauchen.

B: Ja, wofür denn?

H: Ja, wat weiß ich. Wenn's mal schlechtere Zeiten gibt. Dann haben wir immerhin noch das 3-Hasen-Fenster.

B: Also das muß man sich mal auf der Zunge zergehen lassen. Da geht der Westfale hin, schlägt den Römer zurück, statt er ihn mal kommen läßt und sagt: Toll, kriegen wir auch mal die Kultur, der Römer macht uns endlich mal was Schönes! Nix! Er schlägt den Römer zurück, ein Kampf bis auf's Messer, Zehntausende von Toten, ein Blutvergießen ohne Ende, der Westfale, stur, wie er ist, er kämpft und kämpft und kämpft und kämpft – und was hat er hinterher davon? Ein 3-Hasen-Fenster. *(Applaus)*
Toll, da muß ich sagen, das hat sich wirklich gelohnt.

H: Ja, find' ich auch.

VIII.

Völkerwanderung

B: Aber wenn man jetzt mal nicht Westfale und Rheinländer einzeln betrachtet, sondern mal das deutsche Volk insgesamt, dann muß man sagen: Es ist gar nicht so einfach, Deutscher zu werden, dat ist schwer, also muß man wirklich sagen. Wenn Sie es nicht sind, und wollen es werden, das geht ja fast überhaupt nicht. Man ist ja nur deutsch, wenn man original-deutsches Blut in seinen Adern hat. Also, das ist jetzt nicht so, wie jetzt sagen wir mal in Holland oder in Frankreich, da ist man so geboren. Wenn man in Holland geboren ist, dann ist man Holländer. Ganz einfach. Aber in Deutschland haben wir ja dieses Abstammungsrecht, das deutsche Blutrecht. Das ist ja noch von 1905.

H: Das ist so'n bißchen wie dieses Reinheitsgebot, glaub' ich.

B: Ja. Hm. Nee, also das Abstammungsrecht, das fanden die Nazis natürlich sehr gut, aber auch die CDU verteidigt das heute immer noch. Die CDU hat ja Angst. So. Und deswegen verteidigt die das immer noch. Das deutsche Blutrecht, das heißt also, Sie sind nur deutsch, wenn Sie original-deutsches Blut, zum Beispiel hier, in den Adern, haben. An der Pulsader, wenn Sie mal so'n bißchen drücken, dann sieht man, da kommt ja schon das Blut so – ah, hier, in die Adern rein. Das muß deutsch sein. Auch hier, sehr schön, bei der Hand hier.

H: Bei mir geht das sehr gut hier.

B: Ja, das sieht man. Auch, wenn Sie Nasenbluten haben, muß original-deutsches Blut aus der Nase kommen.

H: Hm.

B: Auch am Fuß – auch deutsches – überall. In den Füßen, in den Zehen, überall deutsches Blut. Dann sind Sie deutsch.

H: Hm. Da hab' ich aber jetzt mal 'ne Zwischenfrage.

B: Ja.

H: Hm.

B: Frag' ruhig. Rüdiger, frag' ruhig.

H: Ja, wat ist denn jetzt zum Beispiel, ja, wenn jetzt zum Beispiel nachts mein Arm mal einschläft, ne, das gibt's ja schon mal, da wacht man so auf, da schlackert der da so 'rum, ne. Äh. Ist der dann nicht mehr deutsch? Wird der dann – wird der dann irgendwie ausgewiesen oder so?

B: Der ist ja blutarm dann.

H: Ja, ja, dat wär' ja blöd, ne.

B: Na ja, er hat ja noch einen Verwandten auf der andern Seite.

H: O ja, da bin ich ja beruhigt. *(Applaus)*

B: Man sagt ja auch: Eine Hand wäscht die andere. Da kannst du das dann mit rausreißen. Daher kommt das auch.

H: Kommt das eigentlich daher, wollt' ich gerade fragen.

B: Ja. Hm. Daher kommt das.

H: Hm.

B: Da ist man arm dran.

H: Hm.

B: Und da hat man ja noch allerhand. Daher kommt das alles.

H: Meine Güte, du, was ich wieder lerne heute abend von dir, hier.

B: Ja.

H: Das glaubt mir kein Schwein.

B: Ich lerne – ich lerne ja selber viel dabei.

H: Hm.

B: Das ist immer hinterher schwer zu unterscheiden, was stimmt, und was ich mir selbst ausgedacht hab'.

H: Das stimmt. Das stimmt allerdings.

B: Ich weiß das manchmal selber nicht. Aber in dem Fall stimmt das. Also, das stimmt wirklich, das mit dem deutschen Blutrecht. Sie sind eigentlich nur deutsch, wenn Sie immer schon deutsch waren. Also, original-deutsch. Sie müssen ein Original-Deutscher sein.

H: Super-Deutsch.

B: Bis hinten hin, in der Geschichte. Zurück. Wenn Sie in der Geschichte mal zurückgehen, bis dahinten müßten Sie deutsch sein.

H: Wie weit denn jetzt?

B: Ja, bis – ach, weiß ich, also bis hinten halt.

H: Richtig bis zum Anschlag?

B: Ja. Bis ganz hinten in der Geschichte. Ja. Das waren die ersten Deutschen. *(Stellt einen Plastikdinosaurier auf den Tisch)* Oder sogar noch vor den Sauriern, ja, noch vor den Sauriern, wollen mal sagen, ganz hinten zurück, vor den Sauriern, bis zu den Germanen hin.

H: So weit?

B: Ja! Die kleinen Germanies. Der Germany. Germany. Da hört man's ja. Made in Germany. Germany. Daher kommt das ja. Der Germane. Die haben ja damals – das war ja so'n Wandervolk, weißt du, so ähnlich wie Luis Trenker.

H: Hm.

B: So der deutsche Volkswandertag, kennen Sie ja, der deutsche Volkswandertag. Germanische Völkerwanderung. Das haben die damals erfunden. Dadurch ist Deutschland letztendlich entstanden.

H: Hm.

B: Das Wandern ist des Müllers Lust. Deswegen heißen ja so viele Müller in Deutschland. Das war 'n Wandervolk eigentlich gewesen.

H: Hm.

B: Die fingen an zu wandern. Ich kann ja mal kurz zeigen, hier, ich hab' ja eine Requisiten-Explosion.

H: Oh.

B: Ich hab' sogar meinen alten Atlas mitgebracht, da sind ja diese herrlichen Karten drin von der Völkerwanderung, hier, mit den ganzen Pfeilen.

H: Oh, Jürgen!

B: Überall, wo die hergegangen sind.

H: Ich blicke da nicht durch.

B: Wie auf der Wetterkarte, ein heilloses Durcheinander von Pfeilen. Ich weiß ja auch nicht alles, aber ich informier' mich dann. Das fing an mit den Hunnen. Erstmal kamen die Hunnen, das war ja der Asiate.

H: Acht Kostbarkeiten.

B: Ja. Genau.

H: Ist klar. Verstehe.

B: Der kam damals auch von Osten her, über Westfalen, kam der Hunne, und – warum, weiß man nicht, hat man vergessen zu fragen.

H: Muß er selber wissen.

B: Dann sahen die Hunnen die Germanen, zum Beispiel die Goten liefen da rum, und da riefen die: Ey! Ihr Germanen! Habt ihr nicht Lust zu wandern?!

Waren die Hunnen so am Scheuchen. Und dann hörten das die Germanen, dann zum Beispiel die Goten, die riefen dann: Ja! Wandern, okay! Aber nicht mit euch! Ihr seid die Hunnen! Ihr seid die Bösen! Aber wir sind die Goten! *(Applaus)* Wir teilen uns lieber und bringen die Hunnen durcheinander! Jetzt gehen die Westgoten nach Westen und die Ostgoten nach Osten. Schon bald aber kehrten die Ostgoten um, ziehen nach Westen zurück und von da direkt nach Süden, um nicht den Hunnen, die immer noch von Osten kommen, in die Arme zu laufen. Währenddessen sind die Vandalen, die ja ebenfalls nach Westen gewandert waren, jetzt nach Süden abgedreht, wo sie wiederum den Westgoten begegnen. Diese machen 'ne direkte Kehrtwendung nach Norden, da die Vandalen soeben den Vandalismus erfunden haben, das liegt ja nicht jedem. Es gab ja damals noch keine Versicherung. Jetzt kommen die Franken und Burgunder ins Spiel, ziehen von Norden südwestwärts, kreuzen die Sueben und Quaden, die sich jetzt mit den Vandalen und Alanen zusammengetan haben. Angeln und Sachsen nehmen im Norden die Fähre nach England, wahrscheinlich zum Angeln, daher Angelsachsen.

H: Daher kommt das?

B: Daher kommt das. Und die Vandalen ziehen jetzt nach Afrika und machen da weiter. Also, ich kann das mal eben zusammenfassen: Die germanischen Stämme zogen kreuz und quer durch Europa, bekämpften die Römer, bekämpften sich selber, liefen auseinander, kamen zusammen, mischten sich neu, heirateten sich, bekämpften sich wieder selber, kamen wieder zusammen, heirateten erneut, trennten sich wieder, liefen wieder auseinander, kamen wieder zusammen, heirateten sich und irgendwann blieben die Größten und Stärksten übrig und sagten sich: Hier bleiben wir und machen et uns jemütlich! Ich mach' uns ein paar Schnittchen! *(Applaus)* Mit dem Satz fing alles an. Und daraus entstanden dann die germanischen Reiche, zum Beispiel das berühmte Frankenreich, und daraus entstand dann irgendwann Deutschland und Frankreich. Aber es hätten auch genausogut Frankland und Deutschreich entstehen können, oder Gotland und Sachsreich, Punzland und Panzreich. Suevien und Flagratien. Ich bin stolz, ein Funze zu sein! *(Applaus)*

H: Ja, aber Jürgen, da hätt' ich aber jetzt doch noch mal 'ne Zwischenfrage, äh: Wat ist denn jetzt eigentlich aus den Hunnen geworden? Na? Sind se weg?

B: Mein Gott, denen wird doch nichts passiert sein!

H: Nee, glaub' ich nicht.

B: Aber die Pfeile enden hier auf den Katalaunischen Feldern.

H: Ach, müssen se selber wissen.

B: Da waren die auf einmal weg. Ach, wahrscheinlich war denen dat auf einmal ejal, so, sagen wir, den Hunnen ist dat jetzt ejal. Ist ja oft so, daß so große Völker, kommen dann an, janz jefährliche Völker, und alle haben Angst. Ohh! Die Hunnen kommen! Und etwas später sind die dann egal. Aus den Hunnen hat man jetzt 'n Karnevalsverein gemacht. Da ist dann auf einmal so'n Pfeil, da waren die weg. Aber wie die jetzt da weggekommen sind, dat steht hier auch nicht.

H: Ja. Ach, man kann auch nicht alles wissen, Jürgen.

B: Ja, wie sind die Hunnen da weggekommen? Mh?

H: Mh? Was nehmen wir denn da mal?

B: Das weiß man nicht. Auf einmal so'n Pfeil, der einfach so endet. Ist auch komisch. Auf einmal waren die weg. Hm. Sag' mir, wo die Hunnen sind! Wo sind sie geblieben? Wann wird man je verstehn, hm, hm, hm, hm, hm, hmhm. Die sind dann wahrscheinlich von den Sauriern gefressen worden! Und aus den Saurier-Kötteln, so Saurier-Köttel sind ja ganz schön groß, also passen hier in den Saal ja gar nicht rein, also die sind, wollen wir mal sagen, doppelt so hoch normal, also riesig, viel größer noch, also riesiger, noch größer als der Kölner Dom. Also riesig hohe, runde, trockene, feste Saurier-Köttel. Aus gefressenen Hunnen. Saurier-Köttel. Und aus diesen riesigen Saurier-Kötteln, da ist dann Westfalen draus entstanden. *(Applaus)*

H: Dat glaubst du aber auch nur alleine, Jürgen.

B: Ja, die haben sich dann auf'm Boden so festgetrampelt, weißt du, und das war der Humus für den trockenen, westfälischen Humor, wenn man überhaupt von Humor sprechen kann. Aber Humor kommt ja von Humus.

H: Ah, ja, da hatte ich mich immer schon gewundert, woher das kommt, aber – hm.

B: Sagt man ja auch: der Humurist.

H: Ah ja. Hm.

B: Daher kommt das.

H: Ah ja. Von Humor. Hm.

B: Ja.

H: Da hab' ich aber, muß ich ehrlich sagen, beim Rheinländer eher den Eindruck. Also wenn ich mir diesen Karneval angucke, du, also so 'ne Scheiße! Hör mal, da kommst du aber mit 'n paar Kötteln nicht aus, du! *(Applaus)*

IX.

Der Tanzlehrer

B: Aber jetzt hab' ich auch mal 'ne Frage: Sag' mal, dat würd' mich jetzt mal persönlich interessieren: Wie kommt man eigentlich auf die Idee, von Paderborn aus jetzt so 'ne Humoristenkarriere zu starten? Allein die Idee.

H: Ja, das ist 'ne gute Frage, Jürgen, ich bin dir dankbar für diese Frage. Hm. Das ist ja immer so in Paderborn: Entweder, man wird Priester oder Kabarettist. Ich hab' mich schon sehr früh für's Kabarett entschieden. Beim Eugen Drewermann, da hat's 'n bißchen länger gedauert, aber dafür sahnt der jetzt richtig ab, ne, dat muß man sagen. Also der macht richtig die Hallen voll jetzt.

B: Sechstausender-Hallen, mein lieber Freund.

H: Ja, ja. Wie lange spielt der eigentlich? Zwei Stunden?

B: Vier Stunden.

H: Vier Stunden spielt der. Hm.

B: Mit Diskussion hintendran noch und so.

H: Hm. Quasi so'n klerikaler Tom Gerhard, kann man sagen, ne. Jetzt nichts gegen Tom Gerhard, ne. Ne. Ja, ja, aber eigentlich, noch davor sollte ich eigentlich, so von Haus aus, eigentlich Tanzlehrer werden.

B: Ach so.

H: Ja, das haben sich meine Eltern so gewünscht bei mir. Das war so der Wunsch meiner Eltern. Die haben halt so gesagt, so: Ja, Rüdiger, du kannst frei sprechen, nicht, du hast Rhythmusgefühl, nicht, dann wirst du mal Tanzlehrer. Aber ich hab' mir irgendwie gedacht, nee, ich mach' es halt mal nicht jetzt, so diesen Schritt, ne. Ich behalt' mir das so für'n privaten Bereich.

B: Obwohl, hätt'st du mal besser gemacht.

H: Ja, ich hab' auch überlegt.

B: Tanzschule Hoffmann, Paderborn. Das kann ich mir richtig gut vorstellen.

H: Ja klar, kann ich mir auch vorstellen.

B: Wenn man dann in Paderborn so reinkommt, da, an diesem Betonbau, wo die Fußgängerzone so abgeht, mit den Blumenkübeln, daß da oben so 'ne Leuchtreklame steht: Tanzschule Hoffmann, Paderborn.

H: Klar.

B: Dann du so mit so 'nem Goldkettchen, hier.

H: Hm.

B: Stoffjacke, Stoffhose, Lackschuhe, kleine Pilotenbrille und so.

H: Ja, das trage ich privat sehr gerne.

B: Das könnt' ich mir gut vorstellen. Da hätt'st du jetzt 'ne Existenz.

H: Hm.

B: Da hätt'st du was Eigenes.

H: Ja, klar, da hätt' ich was zu beißen.

B: Ja, so rennst du da rum.

H: Ja, ja. Nee, ich hab' das ja auch überlegt, aber ich hab' dann eben so für mich gedacht: Ich möchte mich einfach nicht so einengen lassen irgendwo, daß ich so Standardtänze da lehren müßte, wat weiß ich jetzt, Flamingo oder so was, ne. Also ich wollt's einfach für mich eben so bewahren, ne.

B: Hm.

H: Wenn ich jetzt so auf 'ner Party bin, also dann muß ich da einfach tanzen, ne. Egal, was die Leute sagen.

B: Bist also mehr so ein Private-Dancer?

H: Ja, wenn du so willst. Auf jeden Fall.

B: Das hätte ich ja nicht gedacht, daß du – ich hab' immer gedacht, du bist mehr so'n schüchterner Typ.

H: Hm. Ja, klar.

B: Mehr so …

H: Ja.

B: … bißchen mehr so …

H: Ja. Bin ich ja auch eigentlich, aber …

B: Daß du jetzt so auf die Tanzfläche direkt so drauf, das hätt' ich gar nicht von dir gedacht.

H: Ja – nee – dat ist bei mir einfach so: Da laß' ich dann den Spanier raus, ne. Also ich bin wirklich so einer der ersten da auf der Tanzfläche, ne, also, bevor die Anlage aufgebaut ist, da steh' ich schon da, ne.

B: Und dann bist du richtig so am Abrocken?

H: Ja, absolut. Also, wenn dann die Musik losgeht.

B: Ach, das hätte ich nicht gedacht.

H: Nee, dann kann ich gar nicht anders, Jürgen, selbst wenn ich wollte, das ginge gar nicht.

B: Wo kann man das denn mal sehen, so?

H: Wat weiß ich? Wenn du auch mal auf 'ner Party eingeladen bist oder so ...

B: Sag' mal, kannst du das nicht mal eben vormachen? *(Applaus)* Das find' ich super, daß du als Westfale jetzt hier im Rheinland mal so die Stammestänze der Eingeborenen vorführst.

H: Ja.

B: Daß man mal sieht, wie der Westfale so tanzt.

H: Hm. Ja, ich kann das mal vormachen. Also das ist halt so, ne, du mußt dir halt so vorstellen, hm, du bist jetzt halt auf so 'ner Party, ne. Und, ja, da stehst du halt so da, ne, wartest so, bis die Anlage aufgebaut wird, ne, ja, dann geht's halt irgendwann los mit Musik, ne, und dann sprichst du halt eine an, ne, sagst du so: Naaah, ne, ja, dann ziehst du die halt so auf die Tanzfläche, ne, ja, dann gut festhalten, ne, daß se nicht wieder wegläuft, ne. Ja, und dann geht's halt so los, ne. Hmmmm. *(Applaus)*

B: Suuper! Mein lieber Mann! *(Applaus)* Super, Mann! Westfale goes Rock.

H: Ja, wenn du so willst. Klar.

B: Ja, ist ja Wahnsinn. War das jetzt alles einstudiert?

H: Ja, also teils teils. Das ist so, also ich hab' mir bei den Schritten, hab' ich mir gedacht, ne, da läßt du dir so'n bißchen Beinfreiheit, ne. Also wenn ich jetzt mal Lust hab', so den rechten Fuß so'n bißchen mehr so zu bewegen, ne ...

B: Ja.

H: ... dann mach' ich das einfach, ne, egal, was die Leute sagen. Aber die Armbewegungen, die sind natürlich einstudiert, ne. Das ist klar.

B: Das ist klar.

H: Das kriegst du so nicht hin, Jürgen, ne.

B: Nee.

H: Da muß man üben, ne. Da mußt du richtig morgens und abends zwanzig Minuten vor'm Spiegel, ne, das geht nicht anders.

B: Hm.

H: Das kriegst du nicht hin, ne.

B: Nee, ist klar. Das hab' ich mir gleich gedacht.

X.

Prostata

H: Jetzt hab' ich hier den Kaspar gemacht, ne. Dann mußt du aber auch mal was vormachen hier. *(Applaus)*

B: Ja. *(Applaus)*

H: Mein lieber Freund. Schunkeln gilt nicht.

B: Nee, dann – ich mein', tanzen kann ich jetzt nicht so. Ist jetzt nicht so mein Metier.

H: Könnt' ich mir aber gut vorstellen bei dir auch.

B: Nee, ich muß sagen, ich war in der Tanzschule.

H: Du bist ein sportlicher Typ.

B: Diese ganzen Tänze, so wie die alle heißen, so Foxtrott, Slowfox und Smetfick, und – nee, das ist ein Ikea-Beistelltisch. Aber liegt – ich kann die alle nicht, muß ich sagen. In der Session tanz' ich schon mal, Karneval halt.

H: Hm.

B: Da schwitzt man die ganze Situation wieder aus. Aber sonst, nee, da könnt' ich eher, wollen mal sagen, wenn du jetzt getanzt hast, daß ich, wollen mal sagen, Musik beisteuere, daß wir sagen: Wir machen hier 'n Heimatabend mit Musik und Tanz.

H: Hm.

B: Ne? Das steht ja oft drauf, auf so Heimatabenden, so, hab' ich – mit Musik und Tanz.

H: Hm.

B: Ne?

H: Das ist ‘ne gute Idee, ja.

B: Das schreiben wir jetzt immer drauf, mach’ ich Musik und du machst – dann denkt jeder, das wär’ zusammen.

H: Hm.

B: So mit Musik – dabei ist das getrennt.

H: *(lacht)*

B: Westfale tanzt, aber ohne Musik.

H: Hm.

B: Und dann kommt Musik, aber ohne Tanz.

H: Ja.

B: Aber ist ja egal, ist ja Musik und Tanz. Das stimmt ja trotzdem.

H: Hm. Ja, jetzt hast du’s aber lang genug rausgezögert, also jetzt ... *(Applaus)*

B: Ja, dann sing’ ich jetzt ein Lied für die AOK, hab’ ich geschrieben, für die AOK, dabei ist das kein Karnevalsverein. Die gibt’s in Westfalen auch. Denn die weist darauf hin, daß fast alle Männer das mal kriegen, oder sehr viele. Und daß das Tabu auch mal gebrochen werden muß, daß man da auch mal offen drüber spricht, weil – wenn man zur Vorbeugeuntersuchung geht, dann ist es nicht so schlimm. Also, es geht auch viel um’s Trinken, weil, da wird ja auch gerade in der Session viel getrunken, aber keiner kümmert sich darum, wie es wieder rauskommt, insofern ist es auch ein Lied für die Frauen, die können ihren Männern das dann singen. Und dann können die zur Vorsorgeuntersuchung gehen. Also wollen wir mal so sagen. Ich singe das Lied jetzt hier a cappella, also ohne Kapelle, nicht zu verwechseln mit al dente, das ist ohne Zähne. Ich sag' et nur in dem Zusammenhang, weil normalerweise auf CD ist das mit Tambourcorps und allem, aber das kann man ja hier jetzt nicht machen. Also *(macht Trompete nach)*, muß man sich so vorstellen, so Tambourcorps, mit allem, so Schellenbaum und so was:

Der Hermann liegt drei Tage schon
auf der Intensivstation
hä schlägt sich do janz bravourös
kritt dat Kölsch intravinös
und sät hä zwischendurch
O Jott, ich han so Ping
do saren mir wofür
häst du 'ne Krankesching?

Der Hermann hät et an der Prostata, Prostata
als ahle Mann, da kütt dat irjendwann
und häst du et niemals an der Prostata, Prostata,
dann bist du quasi keene Mann.

Och luur die Schwester Oberin
hät datselbe Dubbelkinn
drum fröt der Hermann sie janz dumm
haben Sie's auch untenrum?
O Jott, denkt do die Schwester,
dat et sujet jitt?

Und meint: Evver Hermann, mir Fraulöck krijen dat nit!

(Refrain) Der Hermann, der …

Der Chefarzt nu dem Hermann sät
dat hä jodes Heilfleisch hät
steh op, mir bruche jetzt ding Bett
op dat hä dann entlasse wed.
Vom Spidol der etzte Wech jeht in de
Wetschaf, is doch klor
un do röf alles : Hermann, du bis widder do!

Der Hermann gibt ne Runde und singt
Prostata, Prostata
als ahle Mann, da kütt dat irjendwann
und säst du im Levve niemals Prostata, Prostata,
dann bist du quasi keene Mann.

H: Super! *(Applaus)*

B: Hier vorne wird schon geschunkelt.

H: Suuper! Aber da merkt man aber wirklich, wie die Schunkelrhythmen dir im Blut liegen, du, mein lieber Scholli, du.

B: Ja, da ist auch schon ein Lied über Hämorrhoiden in Arbeit.

H: Das kann ich mir sehr gut vorstellen bei dir.

B: Ne, so: *(auf die Melodie „Schön ist's im Winter")*

Schön ist's im Hintern, schön ist's im Hintern,
dadadatitata, dadadatitata,
Da, wo die Scheiße hängt, da fühlen wir uns

wohl.
Schön ist's im Hintern, dadadadida, dadadatitata,
tatatatatata –

Und dann kommt der Arzt und schneidet uns
dann ab,
doch dann bilden wir uns wieder nach
Klingeling, klingeling, klingeling, klingeling …
Kennst du das Lied? Tätätä …

H: Hm.

B: Ist mehr 'ne Operette.

H: Aber das wird 'n Hit.

Rheinlander

XI.

Westfalenland

B: Aber sag' mal, würd' mich jetzt interessieren: Gibt's denn jetzt in Westfalen so gar keinen Karneval?

H: Ja, so gar kein Karneval ist übertrieben. Wir haben das mal probiert, in Paderborn, also vor zwanzig Jahren, da haben wir mal so'n Rosenmontagszug da gemacht, aber da hat's dann halt geregnet. Und da ist dann halt keiner gekommen. Ja, und im nächsten Jahr haben se's dann halt gelassen, ne.

B: Hm.

H: Obwohl's da gar nicht geregnet hat, aber – egal.

B: Hm.

H: Nö, aber so in den Dörfern drumrum, also da gibt's schon richtig Karneval.

B: Hm.

H: Mit allem Pi-Pa-Po, also da wird auch schon mal mit 'ner Luftschlange gearbeitet, ne. Hm. Nö, da hab'n wir – da ist richtig Rambazamba, da geht die Post ab.

B: Sag' mal, habt ihr denn auch eigene westfälische Karnevalsmusik, sagen wir mal, wie im Rheinland, sagen wir mal, die Bläck Fööss, de Höhner, de Vier-Paar-Eier, dat man sagt, so Stimmungsbands, eigentlich so aus der Heimat heraus. Aber dat man auch so eigene Lieder (…) Mer losse der Dom in Kölle, daß man bei euch vielleicht so'n Lied hat über das 3-Hasen-Fenster?

H: Nee, über's Hasenfenster noch nicht direkt, aber – also es gibt schon wirklich so westfälische Karnevalsgranaten, klar.

B: Ja?

H: Also, die haben auch schon richtig, klar, ich meine ...

B: Sagen wir mal, auch so für die Region richtig jetzt auch begrenzt?

H: Ja, ja.

B: Also nicht jetzt irgendwelche Stimmungslieder, die es überall gibt, sondern nur für euch, so eigene.

H: Ja, ja. Ja, richtig typisch westfälische Karnevalsgranaten, klar.

B: Das gibt es?

H: Natürlich.

B: Kannst du die auch?

H: Ach, die kann jedes Kind da, das ist klar.

B: Ja?

H: Das sind richtig so ...

B: Ja, ich meine – das wär' natürlich jetzt super, wenn du als Westfale mal so 'n original-westfälisches Karnevalslied hier mal im Rheinland – so, daß du quasi als Westfale, wollen wir mal sagen, jetzt hier diesen Saal im Rheinland mit einem westfälischen Karnevalslied in ein Inferno des rheinischen Frohsinns verwandeln würdest. Dat wär' für mich persönlich der Höhepunkt des heutigen Abends.

H: Das ist kein Problem, Jürgen.

B: Ja, so als Schlußpunkt. *(Applaus)* Da bin ich wirklich ens jespannt.

H: Du meinst, richtig Feuchtbiotop hier, oder was?

B: Genau!

H: Ja, kein Problem, ne. So, festhalten hier, Leute! Für Zwerchfellmuskelkater gibt's übrigens keine Garantie.

Hmmmm ...

Westfalenland, Westfalenland
ist wieder außer Rand und Band
mit Lachen und Scherzen und Singen
woll'n wir alle Herzen bezwingen
wer anders denkt, hat dich nie richtig gekannt
du schönes Westfalenland.

Kinder, laßt uns fröhlich sein
denkt doch nicht an morgen
stimmt in unser Lied mit ein
und vergeßt die Sorgen
Und sollte auch mal einer schrein
Westfalen, die sind stur
ja, dann laden wir ihn freundlichst ein
und singen ihm dann nur: Ja –

(Refrain) Westfalenland, Westfalenland ...

Kennt ihr unsern Doppelkorn
und den prima Schinken
die besänftigen unsern Zorn
daß wir fröhlich winken
und sollte auch mal einer schrein
Westfalen, die sind stur
ja, dann laden wir ihn freundlichst ein
und singen ihm dann nur: Ja –

(Refrain) Westfalenland, Westfalenland …

Jetzt alle!

(Refrain) Westfalenland, Westfalenland …

(Applaus)

Rüdiger Hoffmann
Ja hallo erstmal

KiWi 371
Originalausgabe

Das erste Buch des neuen deutschen Kabarett-Stars Rüdiger Hoffmann.

Und das sagen die Medien zu Rüdiger Hoffmann:

»Rüdiger Hoffmann trägt mit stoischer Miene Alltäglichkeiten vor – und brachte es damit zum Kabarettaufsteiger der Saison (...)« *Der Spiegel*

»Hoffmann genügen einige Blicke und Bewegungen. Er spielt keine Klischees, sondern Menschen.«
Tagesspiegel, Berlin

KiWi Paperbacks bei Kiepenheuer & Witsch

Jürgen Becker und Martin Stankowski
Biotop für Bekloppte

Ein Lesebuch für Immi's und Heimathirsche
KiWi 369
Mit Illustrationen von papan und Fotos von Manfred Linke
Neue Ausgabe

Das Buch zum erfolgreichen Kabarettprogramm!

Jürgen Becker, Kabarettist und Karnevalist, und Martin Stankowski, Stadtführer und Autor, haben die Geschichte(n) um Knochen, Klüngel und Klerus in die gemeinsame Kappe geworfen. Heraus kommt ein Lesebuch über Köln und die Welt, eine außergewöhnliche Geschichtstour durch ein liebenswertes Biotop für Bekloppte.

Gaby Köster

Die dümmste Praline der Welt

Mit zahlreichen Fotos
KiWi 444
Originalausgabe

Ein kleines, bescheidenes Thema: die Geschichte der Menschheit bzw. deren weiblichen Teils: eine Million Jahre in einem Buch. Ein wilder Ritt durch die Jahrhunderte von Gaby Köster, der neuen Comedy-Göttin.

KiWi
Paperbacks
bei Kiepenheuer
& Witsch

Der Westfale und der Rheinländer auf Tonträger

Bestell-Nr. 74321 28684 2

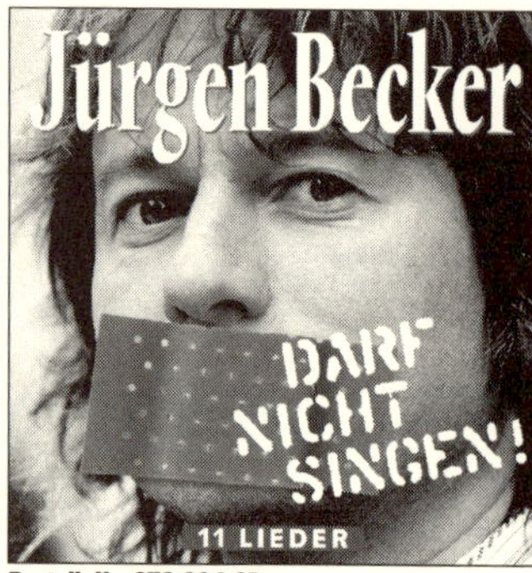

Bestell-Nr. 876 994 CD

Bestell-Nr. 74321 28795 2

Bestell-Nr. OW 025/870 001-907